图解服务的细节
131

料理人のための1分間マネジメント

我是厨师，我想开自己的店

［日］力石宽夫 著

潘郁灵 译

前 言

2010年1月,来自日本的39名厨师参加了于美国最大的烹饪学院——美国烹饪学院(Culinary Institute of America,简称CIA)加利福尼亚州校区举办的"环球美味国际论坛"(Worlds of Flavor)。由日本料理、中餐、西餐各个领域的顶级厨师组成的"日本队",展现了日本在料理方面的精妙创意与精湛技艺。精彩的展示得到了所有参与者的高度评价。

作为日方的事务局长,自活动开始前的两年起,我就一直在为"日本队"的集结而奔走。在与许多志同道合的厨师多次交谈的过程中,我突然萌生出一个想法。而这一想法,更是在我目睹论坛的成功后不断发酵。

我,想让厨师这一职业在真正意义上得到全社会的认可。

"真正意义"也可以说是"真正的专家"。近年来,虽然厨师的社会关注度有所提升,但距离得到全社会认可尚有一段距离。我认为,主要原因在于日本的厨师大多将自己视为"手艺人",自然也就不具备"专家"应有的"经营能力"。

就在我思考这件事时,正好接到了柴田书店关于在其月刊杂志《月刊专业料理》上连载的邀稿。此后,我以《成就厨师的1分钟经营》为栏目标题,在该月刊上发表了持续四年半的连载。之所以取这个标题,主要是希望能用更加浅显易懂的语言来解释"经营",鼓励读者朋友们在忙碌的工作间隙抽出一点时间来学习。

与月刊相比,我在本书中新增了以"经营"为题与4位厨师谈话的内容。借此机会,我想向给予我莫大帮助的三国清三先生、野崎洋光先生、生江史伸先生、绪方俊郎先生表示衷心的感谢。

希望本书能帮助所有厨师朋友,让他们在感受工作的价值和喜悦的同时,成长为真正的专家。

力石宽夫

目　录
CONTENTS

第一章
"专家"厨师

如何成为合格的"专家" …………………………… 003

首先是磨炼自己的"品德" …………………………… 005

厨师必备的"修养" …………………………………… 007

从与具有良好修养的人交往开始 …………………… 009

读书可以提高"想象力"和"创造力" …………… 011

感性可以通过提高修养来实现 ……………………… 013

培养工作之外的兴趣，扩大自己的兴趣范围 ……… 015

厨师应具备真正的"专业意识" …………………… 018

宽阔的视野是成为新时代厨师的必备条件 ………… 021

> **访谈** 厨师与经营①

　　力石宽夫×HOTEL DE MIKUNI 主厨　三国清三 ······ 024

第二章
做一个对数字敏感的厨师

数字是经营的出发点 ··· 033

原料管理直接影响餐厅人流量 ···································· 037

人力成本管理从工作计划开始 ···································· 040

提高劳动生产率是人力成本管理的重点 ····················· 044

"计划"决定经营 ·· 047

做好采购工作 ·· 050

紧张感和信任感是采购的两大驱动力 ························· 054

"合理的库存"是经营稳定的先决条件 ······················· 057

盘点是餐厅的"资产管理" ·· 060

总是被忽视的效用成本 ·· 063

消耗性费用的管理应基于细致的成本意识 ··················· 066

> **访谈** 厨师与经营②

　　力石宽夫×Waketokuyama 主厨　野﨑洋光 ·········· 070

第三章

磨炼"计划"能力

不仅要有"浪漫",更要看清"现实" …………… 081

计划分为"构想计划→基本计划→实施计划"

  三个阶段 ……………………………………… 084

能否永续经营,自开业起便已注定 …………… 088

设备计划也在很大程度上决定了餐厅经营的永续性 … 091

如何翻新餐厅 …………………………………… 094

翻新应基于"顾客视角" ………………………… 097

"健全经营"和"人力投资"是永续经营的关键 ……… 100

思考餐厅的"促销"方案 ………………………… 103

通过奉献社会传达餐厅理念 …………………… 106

如何持续得到食客的喜爱 ……………………… 109

访谈 厨师与经营③

  力石宽夫×L'Effervescence 主厨 生江史伸 ………… 112

第四章

厨师更应该提供服务

QSC 中服务的重要性 …………………………… 121

服务要基于四个关键要素 ……………………… 124

只有做好本质,才能提供良好的服务 ………… 128

"对人的兴趣"是一个重要需求 ……………… 131

客单价因服务的好坏而异 ……………………… 134

餐厅的细节会左右顾客满意度 ………………… 137

统一服务细节也很重要 ………………………… 140

让所有人都清晰理解目标服务 ………………… 143

制定规范以提高服务质量 ……………………… 146

打破存在于餐厅内部的"壁垒" ……………… 149

餐厅的应急处理能力也很关键 ………………… 152

投诉反而是留住顾客的好时机 ………………… 155

"美味"是基于服务实现的 …………………… 158

访谈 厨师与经营④

　　力石宽夫×绪方餐厅主厨　绪方俊郎 ……… 162

第五章

培育人才是厨师的责任与义务

培育人才的起点在于建立组织 ………………… 171

招聘的质量决定了餐厅的未来 ………………… 174

掌握"团队协作能力" …………………………… 177

能否创造"安心工作的环境" …………………… 181

防止新人离职的关键在于"亲如一家人" ……… 184

认可员工并告诉他梦想的重要性 ……………… 187

在新人的白纸上涂抹"亮丽色彩" ……………… 190

每日会议是教育的最好时机 …………………… 193

借助活动建立信任关系 ………………………… 196

寻找"能够委以重任的领导型人才" …………… 199

培养人才一定要有"放手的勇气" ……………… 202

育人亦是育己 …………………………………… 206

结 语 …………………………………………… 209

日文原版编辑：土肥大介、吉田直人

日文原版封面设计：原口彻也（弹 DESIGN 事务所）

正文设计：光邦

插图：古谷充子

第一章

「专家」厨师

如何成为合格的"专家"

这本书围绕的主题是"经营"。不知道各位厨师朋友是如何看待"经营"一词的呢？

所谓经营，其实就是"运营餐厅"。接待顾客、用美味的饭菜和热情的服务招待顾客、获得销售额、支付各项成本后得到利润，这一系列活动统称为"经营"。

所以，经营包含了很多方面。仅就烹饪而言，就涉及品质管理（制作美味的菜肴）、卫生管理（确保食品安全）以及设备管理（正确使用烹饪设备）等。除了员工教育、人力管理等人力方面的经营外，还有对销售额、成本、利润等数值方面的经营。

各位厨师朋友，想必大家一直都在努力精进厨艺吧。诚然，磨炼技艺是每个手艺人的毕生追求，但是对于未来的厨师而言，掌握关于经营的正确知识也是一堂必修课程。

要想让"专家"的身份被社会认可,提升自己的社会地位,那就一定要学好经营。

第一章 | "专家"厨师

首先是磨炼自己的"品德"

在此之前,我们需要做一件非常重要的事情,同时也是学习经营的先决条件,那就是磨炼自己的品德。

我觉得这尤其适用于日本料理界。众所周知,日本料理店多以料理台为主体,有些厨师喜欢对着助手怒吼,甚至动手,这些情景难免落入食客的眼中。哪怕是在那些被媒体奉为明星大厨的料理店中,偶尔也能看到类似的情景。但只要意识到自己的行为(品德)可能会对食客、工作伙

005

伴乃至社会产生巨大的影响，就会有意识地控制自己了。

俗话说"医食同源"，厨师与医生一样，都是关乎人类生命的职业。但显然，厨师并没有获得与其职业重要度相匹配的社会地位。

随着这几十年来餐饮市场的繁荣，日本料理界也得到了蓬勃发展。不仅厨师的从业人数有所增加，其社会地位也在不断提升。但我认为，即便如此，也远远与这项工作的重要程度不相匹配。这是料理界所面临的问题，也是厨师们必须为之努力的目标。

作为一位专业厨师，想要在真正意义上得到全社会的认可，首先要做的就是磨炼自己的品德，其次才是精进烹饪技术、系统学习经营知识。这才是未来厨师应有的姿态，也是成为受社会认可的专家的必要条件。

厨师必备的"修养"

想要磨炼品德,最重要的是提升自己各方面的修养。不过,每个人对"修养"一词的理解不同,在弄清定义前,是不会主动为了获取它而采取行动的。

我们首先要明白,"修养"和"知识"是完全不同的两件事。并非所有知识渊博的人,也就是我们常说的"博学的人"都能被称为"有修养的人"。因为知识与品德之间并无直接联系。

从某种意义上说,知识的作用仅限于自己。一个因"博学"而被万众敬仰之人,并不代表他在人际关系方面也能如鱼得水。但修养不同。一个真正有修养的人,不仅会给人留下深刻的印象,甚至还会影响他人的一生。

例如,客人从我的办公室离开时,工作人员一定会将他们送到电梯口,目送对方进入电梯,并在电梯门关闭前鞠上一躬。之所以会养成这个习惯，还要追溯到30多年前我与时任三井不动产会长的江户英雄先生见面时发生的一件事。

当时，我收到江户先生希望参与东京迪士尼乐园开发项目的申请，于是去了一趟三井不动产的总部。会谈结束后，江户先生亲自送我到电梯厅，目送我进入电梯门后鞠了一躬。这样一位商界重要人物，竟对我这个刚入行的小年轻如此恭敬，这令我大受震撼，同时也教会了我应该如何待人接物。

第一章 |"专家"厨师

从与具有良好修养的人交往开始

接受他人服务,甚至是在便利店购物等情况下,我都会说一句"谢谢"。我为什么会养成这个习惯呢?这就要从我在美国马克·托马斯餐厅里打工的经历说起了。

弗莱彻夫妇是我们的常客,他们性格十分温和。虽然我们彼此之间已经非常熟悉,但他们每次说话依旧会以"I appreciate(非常感谢)"开头。

009

和这对开口便是"I appreciate your kindness（非常感谢你的好意）"的夫妻交流，是我工作中最大的快乐。时常心怀感激，怀揣一颗好客之心，思考自己能为对方做些什么，这便是我从他们身上学到的东西。

餐厅会迎来各种各样的客人，其中不乏修养良好的人。只要主动与他们交流，积极学习他们的生活方式和思考方式，我们的修养自然会在潜移默化中得到提升。

读书可以提高"想象力"和"创造力"

要想提高自身修养,首先就是要"多读书"。对于一个专家而言,除了书籍外,报纸、各类文字印刷品也是不可或缺的阅读材料。

之所以说一切文字皆可提升修养,其原因并不在于单纯的知识量增加,而是我们可以通过阅读提升自己的"想象力"。

文字的好处便在于可以激发读者的想象力。相信每个人小时候阅读书籍时,都会忍不住在脑中想象文中人物的模样或情景吧。与直观传递信息的影像相比,文字更加考验读者的想象力。想象力越丰富的人,越容易被优秀的作品触动,也越容易从一本书中获得足以改变人生观的力量。

只有以积极的态度看待文字,才能真正将文字中的精华化为自身的血肉。这正是修养的体现,也是改变自己、接纳新事物的原动力。

感性可以通过提高修养来实现

将文字化为自身血肉的想象力是与人的创造力息息相关的，而创造力又恰恰是一名优秀厨师必不可少的素养。

是否能让菜肴的味道与摆盘充满创意，是否能在料理中体现出自己的个性，是一位厨师优秀与否的决定性因素。而这仅靠偶尔的一时兴起是实现不了的，唯有在脑海中清晰地描绘出想做的菜肴，并基于这个设想来规划具体的烹饪方法和食材搭配，才能真正做出一道全新的菜肴。可见，想象力是必不可少的。

"感性"也是厨师的必备素养，同样可以通过提高修养来实现。例如，通过接触绘画等艺术作品，可以提升对色彩的敏感度。当然，倒也无须为此特意去一些诸如艺术展之类的地方，因为磨炼感性的机会比比皆是。

例如，我就常在闲暇时"逛银座"。银座作为东京的文化中心，各类文化在此交汇，异彩纷呈。在保留日本传统风格的同时，也容纳了各类的时尚品牌店，新旧文化在此相互碰撞、相互交融。不仅如此，每家店铺的装修风格和招牌设计等也各具特色，真是百看不厌。

虽然欣赏银座与商业经营之间并无直接关系，但我觉得，只要多接触最时尚的文化，就一定能提升自己感性的一面，因为感性其实就是"对未知的探知欲和对事物的渴求"，而感性的程度是由修养程度决定的。

培养工作之外的兴趣，扩大自己的兴趣范围

真正有修养之人，其行为举止与待人接物的方式都会给旁人带来深刻的影响。这就是"品德"，需要依靠丰富的内心来支撑。

什么是丰富的内心呢？不拘泥于细节的落落大方、对不同想法和价值观的包容等，可以说涉及诸多方面。其中，最重要的是同理心。这既是人类社会的生存要求，也是精进工作的必要条件。

想要拥有丰富的内心，仅靠提高专业技能是做不到的。全身心投入工作而忽略了生活的人，其内心反而是贫瘠的。所以，我们应在工作之外的其他领域开拓自己的兴趣，拥有自己的爱好。

有了爱好后，就会想与志趣相投的朋友互相分享经验，或向某些人学习，如此一来就可以建立起新的人际关系。我们会在与志趣相投者的交流过程中获得刺激，也会在此过程中产生求知欲，这些都能有效激发对厨师而言必不可少的"感性"能力。

兴趣的广度与性格有关

我从小学六年级开始学习茶道。某次过新年去神社参拜，我突然被神社附近的几栋日式房屋吸引了注意力。问了才知道，那是茶道教室。于是我成为其中的一个学员，一直到大学二年级。相较于学习茶道礼法，那里更吸引我的其实是茶道老师。老师性格十分温和，是一位很有修养之人。每每与老师说话，都有心灵受到洗涤的感觉，甚至让我忘记了时间的流逝。

在与老师的谈话中，我学会了重新认识自己，也学会了体谅他人，这其实也是茶道的本质所在。这些认知对我产生了很大的影响，也是我第一次体验商务活动中最重要的"热情好客"。自那之后,我坚持学习茶道,因茶道而邂逅的人,是我此生最大的财富。

扩大兴趣范围,结识更多的人,可以增长我们的见识。日积月累,不仅能提高我们的修养,还能提升性格中的包容性,进而提升工作质量。能够烹饪出令食客印象深刻的创意菜,是每个厨师的毕生追求。从这个意义上说,越来越多的日本厨师通过菜肴体现出了自身的修养。我认为,这是日本烹饪界的一个巨大进步。

诚然,烹饪技术十分重要,但仅凭这一点并不能打动食客。唯有突出厨师个性的菜肴,才能俘获食客的心。正因如此,"修养"一定会成为未来厨师的必修课。

厨师应具备真正的"专业意识"

真正的"专家应有的品德",可以在提高修养的过程中得到磨炼。正如前文所说,修养是个人经历的体现,扩大兴趣范围、专注于某个新事物、结交新朋友、开拓视野等都是提升个人修养的有效途径。所以,作为一名厨师,应从单纯的烹饪工作中走出来,以专家的要求不断提升自我。

欧美社会早已将厨师视为专家,因此欧美的厨师拥有很高的社会地位。食物会直接进入人体,与人类的身心健康紧密相连。换言之,厨师是一项肩负生命安全的工作,无论是厨师本人还是其他人,在这一点上都有着高度的共识。所以,厨师的重要性丝毫不亚于医生。

正因如此,厨师必须认真对待食材,正确地推进每一道烹饪工序。就如同医生诊断病人或做手术时一般,需要高度集中注意力,这才是专业性的真正体现,也唯有如此,才称得上是一名优秀的厨师。这已经成为欧美料理界的常识。

伴随着日本餐饮市场的扩大与成熟，如今的厨师无论是在职业意识方面还是修养方面，都比过去有了较大程度的提升。但是在"专业意识"方面，我认为日本与欧美国家还是相去甚远。

日本的员工缺乏紧张感

从欧美员工工作时的模样不难看出这一点。在欧美餐厅，无论是烹饪人员还是服务人员，一旦进入工作状态，就必须全身心投入。能力高低会直接影响个人的薪酬水平，被判定为"无法胜任工作"的人会立即惨遭解雇。所以，欧美职场中总是时刻充满紧张感。

但日本不同，多数餐厅都较为散漫，员工总喜欢躲在角落里窃窃私语，或在工作时习惯性地拖拖拉拉。这不仅会影响餐厅的经营效率，也会降低菜肴品质和服务水平。除了日本社会对能力的重视程度不如欧美之外，日本人缺

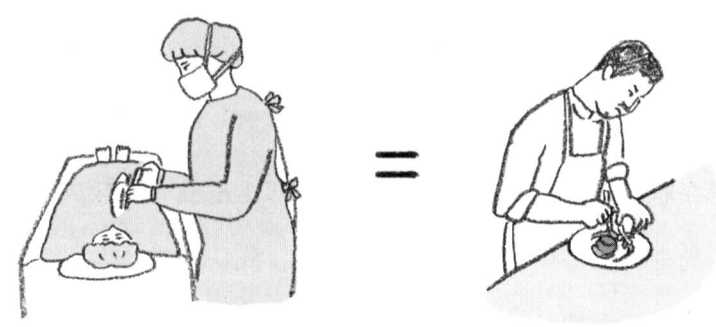

乏真正的专业意识也是一个重要原因。

我曾经带美国烹饪学校CIA的进修生参观过日本餐厅。虽然都是20岁左右的年轻人，但他们的专业意识之高实属令人钦佩。大部分学生早就具备了专业意识，对厨师的提问深入透彻，就连餐厅经营方面的知识都略知一二。就这一点而言，日本真是应该向欧美国家好好学习。

宽阔的视野是成为新时代厨师的必备条件

培养人才是管理的一个重要部分,这一点我会在后文中详细说明。仅靠一人之力是不足以经营好餐厅的,如果不增加团队人数,餐厅的水平永远不会得到提升。未来的厨师能否成为专家,就取决于他是否有能力培养人才,这也是最考验厨师品德的地方。

除此之外,还应意识到人才培养方式是会随着时代的变化而改变的。过去常说"技术不是学来的,而是偷来的",厨师对待下属和后辈的方式也较为粗暴,而这种暴力或差别对待,已经不被如今的社会所容忍了。

但这并不意味着就要"溺爱"下属。为了精进技艺,厨师首先要提升自己的修养。只有耐得住每天重复单调工作的无聊,才能蓄积经营餐厅所需的精神力量。在培养人才的过程中,也必须强调修养的重要性。

在这个过程中，沟通是必不可少的，应做到因材施教，而不是单纯地责骂或强制下属必须接受自己的思想。Communication 在日语中被译为"传达"，指的是相互理解的状态，而非简单的单向传输。这就要求处于强势地位的领导者必须拥有一颗包容心。这才是人才教育中最理想的上下级关系。

饮食文化的进步需要基于科学的观点

在餐厅中建立起良好的关系后，团队成员间的关系自然也会得到改善。美味的菜肴和周到的服务是提升顾客满意度的关键，从社会意义上来说，餐厅是推动饮食文化进步的一个重要因素。

虽然餐厅经营深受文化层面的影响，但具备科学的观点也是必不可少的。本章开头提到的"数值方面的经营"便是如此。新技术的使用对未来的餐厅而言至关重要，我们应该时刻关注烹饪设备、IT 乃至 AI 的发展，因为它们都与餐厅的经营息息相关。

随着劳动力等成本的上升，消除浪费成了一个迫切的课题。削减人力、时间、材料、运行方面的不必要成本，将这些资源分配到其他各个方面，就能持续提升食品和服务的价值——想要做到这一点，就必须从科学的角度出发，善于借助新技术的力量。

除了精湛的烹饪技术外，一个专家级厨师还应掌握包括餐厅运作、员工管理与培训、与供应商等外部支援机构沟通等在内的多方位技能。更重要的是，必须拥有值得让人尊敬的高贵品德。

除了技术与品德之外，想要成为专家，还应具有宽阔的视野，这是成为新时代厨师必不可少的重要条件。

访 谈 厨师与经营①

力石宽夫 ×

HOTEL DE MIKUNI 主厨

三国清三

代表日本最高烹饪技艺的法餐主厨，2013年被弗朗索瓦·拉伯雷大学授予荣誉博士学位，以表彰他对法餐文化的贡献。1951年被法兰西共和国授予法国荣誉军团勋章。

力石：一眨眼，我与三国先生都已经认识36年了。第一次见到您还是在"HOTEL DE MIKUNI"开业之前。当时的您可真是浑身充满了干劲儿。（笑）

三国：在"Bistro Sakanaza"担任了一段时间的主厨后，我还是决定开一家自己的餐厅，所以请您来帮忙培训员工。

成为 Bistro Sakanaza 主厨的那一年，我刚满 28 岁，着实被好好上了一课。一上任，我就大声训斥年轻的厨师："就把这里（厨房）当法国，不准说一句日语，严禁使用筷子！"结果第二天，厨师全部辞职了。我迫切地想在那里施展自己在欧洲学到的技能，想用自己的想法来要求他人，却得到了那样的结果。那件事情让我意识到"这种做法行不通"，所以才会请您来培训员工。也得益于您的帮助，这家店才能安稳走到今日。我们四谷总店有七位员工，他们从开业起一直跟随我到现在。

力石：让一家餐厅持续经营 35 年已经非常不容易了，您不仅做到了，还留住了这么多员工，真是太了不起了。

三国：这也是我最引以为豪的地方。对一家餐厅来说，最重要的是它的"整体实力"，而创造这种实力的正是所有员工。服务员尤其重要，因为他们可以直接将"料理的魅力"传递给顾客，这会让主厨的工作价值提升好几倍。所以我会把自己在料理方面的想法告诉所有员工，修改菜单时也会将大家召集过来，向他们说明修改的原因和思路。

餐厅的永续经营是专家的使命所在

力石：您真是太厉害了。如今，您不仅是日本国内法餐界的领军人物，不断地开发出色香味俱全的精致料理，还如此善于经营，让餐厅业务蒸蒸日上。请问您是怎么掌握到这些经营方法的？

三国：从"Girardet"到"Maison Troisgros""Alain Chapel"，我在许多米其林三星餐厅工作过，而这些餐厅无一例外都是主厨所开。米其林主厨每天90%以上的时间都是在厨房度过的，却可以游刃有余地控制餐厅的所有事务：在追求料理的极致品质的同时，尽可能地避免一切浪费；通过服务人员，精准获取食客的评价；在保持健全经营的同时，持续提升餐厅的品质。不仅如此，主厨还要亲自完成各类采访。在我眼里，他们就是帝王学的教科书。

力石：您觉得自己看到的这些主厨都是真正意义上的专业级主厨。那么在计划开餐厅的时候，您设想过自己未来应该怎么做吗？

三国：唔……其实自"HOTEL DE MIKUNI"开业起，我就想将它作为自己长久的事业。我觉得一名专业主厨就应该拥有自己的餐厅。除了四谷总店外，位于名古屋万豪酒店内的 MIKUNI NAGOYA 已经经营了 22 年，北海道札幌的 MIKUNI SAPPORO 也迎来了第 17 个年头。这些餐厅之所以能够经营到现在，首先应该感谢的当然是顾客的支持，但其实我们也经历过很多坎坷。20 世纪 90 年代的经济危机、21 世纪的"雷曼冲击"及"3·11"东日本大地震，都给我们带来了致命的伤害。之所以能够支撑到现在，我认为靠的还是一种使命感——我必须以专家的姿态保住这些餐厅。

力石：方才我说，第一次见到您的时候，您浑身充满了干劲儿，尤其让我印象深刻的是您的那双眼睛，我从中感受到了一股强大的意志力。我愿意帮助您，因为我在那时就感到了您身上有一种专业精神。

三国：这种专业精神的出现，是在我 20 岁那年遭遇了第一次挫折之后。18 岁那年，我来到东京，进入帝国酒店工作，一直干到 20 岁。在这三年的时间里，我做的都是后厨的杂活儿。20 岁生日那天，我突然感到一阵沮丧，但转念一想："怎么能就这么离开呢?"于是我请求当时的老板,允许我把当时分散在帝国酒店内18处的所有锅都擦干净。本打算好好做点贡献后就辞职返回家乡,谁承想当时的主厨村上信夫先生马上找到我说:"我把你推荐给瑞士日内瓦日本大使馆的主厨了。"我当时心里还觉得"逗我呢吧",谁知道这竟然成了我人生中的一个重要转折点。后来我才听说,村上先生其实已经注意我很久了,后来看到我专心致志刷完所有锅的情景后,这才决定把我推荐出去。

将危机视为自己应全力以赴的责任

力石:虽然作为一位经营者,您已经度过了许多危机,但最近的新冠肺炎疫情应该算是前所未有的挑战了吧?

三国:确实如此。四谷的总店在2020年4月和5月停止营业了,这是我从来没有经历过的。不能开门迎接顾客等同于停业,我想员工们也都会感到很焦虑。所幸在我们重新开始营业后,食客的数量非但没有减少,反而还出现了几家人气餐厅,例如轻井泽的"DOMAINE DE MIKUNI",

它的实际销售额大大超越了上一年度同期水平的餐厅。但其实我们并没有采取什么特别的措施。一直以来，我都会记录所有餐厅的情况，不管是顾客投诉还是其他任何问题，我都会认认真真地逐一处理、解决。我想这大概就是我们能够顺利渡过难关的原因，所以我觉得自己的做法是非常正确的，这也证明了"真诚对待顾客"的重要性。

力石：重新开业后，顾客一定会觉得"外出用餐很开心"或是"在餐厅用餐太棒了"。如果能给他们带来超出预期的满意度，那么他们对餐厅的信任感自然也会再次上升。

三国：对，这是最重要的。现在的顾客在选择餐厅时首先关注的是"那家餐厅很安全，我愿意带重要的亲友去用餐"。特别是在新冠肺炎疫情肆虐的大环境下，顾客对安全性的要求远比以往更高。疫情是威胁，也是机遇。我们应借此机会大力提升包括料理品质、服务水平以及餐厅氛围等在内的整体实力。

力石：这就意味着您需要花更多的时间走出厨房，深入了解顾客及员工的想法。我想您的这种做法，应该会成为年轻后辈们学习的榜样。

三国：我平时其实不怎么和员工说话，但最近在月会上，我总会说上几句。我也会交代年轻人注意观察主厨的工作，让他们仔细看看非常时期主厨所采取的行动。如果他们将来也成为主厨，或拥有一家自己的餐厅，那么此刻的所见所闻一定会成为非常宝贵的经验。新冠肺炎疫情是我们从未经历过的，并且谁也不能保证将来不会发生类似的情况。大地震可能再发生，我们也可能再次遭遇未知的病毒。危机不是任何人的责任，但我们所有人都必须正视它，可以说这是我们每一个人的责任。我认为，让年轻人明白这些道理，是我作为一名厨师的职责。

东京都新宿区若叶 1-18
TEL 03-3351-3810
https://oui-mikumi.co.jp
※餐厅信息为 2022 年 11 月 31 日提供

HOTEL DE MIKUNI

于 1985 年开业的日本法国餐厅代表。因其对传统法餐的深刻理解，以及主厨三国先生对美食的独到理解而受到国际赞誉。除了午餐、晚餐的套餐及单点菜肴外，该餐厅还提供不使用任何动物食品的素食菜单。

第二章

做一个对数字敏感的厨师

数字是经营的出发点

正如前文中提到的,经营是提高销售额、管理成本、创造利润等活动的统称。经营过程中最重要的部分可以用以下两点来概括:

(1) 用数字来理解一切
(2) 具有数字基准和目标

可以说"一切经营归根结底就是数字"。当被问及餐厅的经营状况时,我们不能用"一般"或是"勉强还可以吧"来笼统回答。出现问题时,必须依靠数字来直观说明,一切改善措施的目的也是"将这个数字改善到某种程度"。

例如,对于餐厅来说,最主要的成本就是原料成本和人力成本。这两项成本的合计被称为"F/L 成本①",那么这个成本需要控制在销售额的百分之几才能保证赢利呢?这就需要有一个明确的指标了。

对于一家餐厅而言,最理想的"F/L 成本"为营业额的 60%~65%。可以是原料成本 32%、人力成本 28%,合计 60%的占比,也可以是原料成本 35%、人力成本 30%,合计 65%的占比。若"F/L 成本"的占比过高,餐厅可能就无法赢利了。

因为除了这两样成本外,餐厅还需要支出租金、水电暖气费及广告费,等等。最合理的经营模式应为扣除这些成本后还剩下 10%的收入作为利润,所以"F/L 成本"应维持在营业额的 60%~65%。

确定数字标准后就可以设定目标了

私营企业经营的关键在于"持续性"。想要维持餐厅的

---

① F/L 成本:餐饮店的原料成本(Food Cost)占比和人力成本(Labor Cost)占比的比率。(译者注)

长久运营，就必须创造出合理的利润。为此，首先要设定并遵守合理的"F/L成本"。

另一个重要方面是"数字目标"。这可不是一个单纯的愿望，要将其视为"这就是我们的销售数量目标"。这里的目标，是被称为"固定成本"的数字。

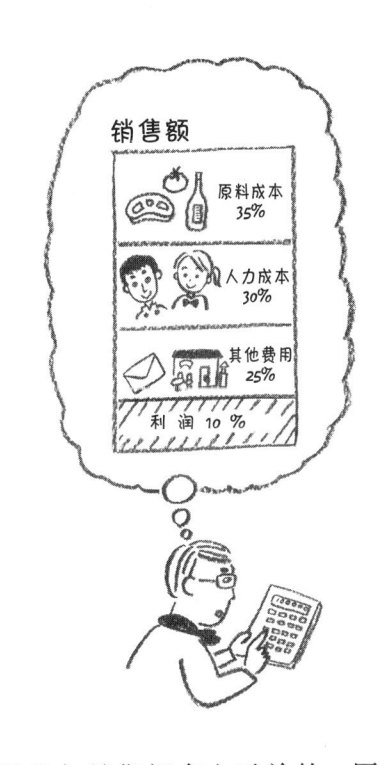

固定成本，顾名思义，是指与销售额多少无关的、固定不变的成本。最典型的例子就是租金。一般认为最合理的租金为销售额的10%左右，据此可以反推出最理想的销售额数值。

例如，某餐厅的月租金为30万日元，那么这间餐厅的销售额就必须维持在每月3000万日元以上。若每月营业25天，就必须每天创造出12万日元的销售额。这就需要店内所有相关员工认真思考应如何实现这一目标了。

设定明确的标准后,目标数字会自然而然地浮现出来。经营的本质就是努力实现这些目标。

原料管理直接影响餐厅人流量

与不变的固定成本相对的可变成本，是会随着销售情况发生改变的成本类型。最具代表性的例子是原料成本和人力成本。前文中也提到过，这两者统称为"F/L 成本"，对餐厅的经营起着决定性的影响。

所有成本都应纳入管理范畴。除了查看数字结果外，设定一个"数字目标"并努力达成也是管理者的职责所在，尤其应加强对足以影响菜品质量和餐厅人流量的原料成本的管理。为此，餐厅应制定出明确的规则和管理机制。

在食材流通七大阶段消除浪费

制定明确的规则和管理机制前，应充分掌握原料流通的七个阶段：

①采购（向供应商下订单）

②收货（从供应商处获得）

③储存（存放在店内）

④出库（从仓库中取出）

⑤准备（烹饪前的预加工）

⑥烹饪（加工成菜品）

⑦提供（将菜品端给客人）

想要做好原料管理，就必须在这七个阶段消除浪费，所以餐厅要制定出相应的规则。

例如，在①中，应以尽可能低的价格购买到满足餐厅品质要求的原料。在②中，应做好检查，发现变质食材要立即拒收。

在③中，应做好温度管控，防止食品变质造成损失，还要做好对员工的检查，以防他们未经

许可私自拿走食材。在④中，要做好先进先出（先入库者先使用）的工作，并保证仓库配置便于执行这一规定。

⑤和⑥是真正使用食材的阶段，所以这里应该对每项操作的使用量（配方）和操作顺序（方法）进行严格的规定。如果使用量不一致，原料成本就会产生波动。此外，操作失误也会导致食材浪费。

在最后一个阶段，也就是⑦中，应尽量做好用餐区域和厨房之间的合作。一旦出现订单错误，就会产生原料浪费问题。如果烹饪好的菜品被长时间放置，品质就会下降，甚至只能被倒掉。

首先要认识到原料成本受到这些因素的影响，然后才是设定需要达成的数字目标、制定相应的规范标准。一旦发现结果与目标出现差距，就要立即找出原因并采取措施。原料成本管理，就是在不断地重复这个过程。

人力成本管理从工作计划开始

在餐厅经营中，与原料成本处于同样重要位置的是人力成本。

除了员工工资外，人力成本还包括由雇主承担的员工社会保险及福利费用（例如团建费用等）。所以在雇用员工前，雇主应先了解需要支出的各项费用。

管理者应保证人力成本与原料成本的合计值，也就是"F/L成本"被控制在销售额的60%~65%以内。有些人可能不愿意将员工视为一种成本进行管理。确实，原料成本的管理对象是物品，人力成本则不然，所以我们应在尊重每个员工的基础上，不断激发他们的干劲儿。

与此同时，也要努力提升员工的劳动效率，因为只有这样才是健全的经营。与原料成本一样，人力成本中的浪费和损失也必须被消除。

餐厅客流量小的时候,一大堆员工闲着无所事事;客流量大的时候,因为人手不足而导致上菜缓慢,或是不得不拒绝远道而来的顾客,这两种情况都会给餐厅带来极大的浪费和损失。

将每天的时间以三小时为单位进行划分,进行合理的员工配置

想要消除浪费,就必须制定"工作计划"。

所谓"工作计划",就是把每天划分为若干个时间段,并规定每个时间段的工作人员和工作内容。换言之,它是所有员工的时间表。

以三小时为单位划分时间段,这是欧美国家餐厅的普遍做法,考虑到人

类注意力的持续时间就是三小时左右。例如，一家11点开业，23点停止营业的餐厅可以将工作计划设定为以下四个时间段：①11点~14点；②14点~17点；③17点~20点；④20点~23点。

工作计划的出发点是明确每个时间段的具体工作，以及因此所需的最低人数。当然，在此之前，还需要估算出每个时间段内的到店顾客数量。基于到店顾客数量的预测值来规划当天的工作量，进行合理的员工配置，这是制定工作计划的基本原则。

这里所说的合理，指的不仅仅是员工人数，还包括每个人的工作能力。就上面的例子而言，假设时间段①中所需的员工人数为100，那么时间段②中所需的员工人数就是20或30。当然，每个时间段对员工技能的要求也是不一样的。

即便雇用了兼职人员，这些人员的工作内容也主要是时间段①中的上菜或洗碗，或时间段②中的晚餐营业准备。餐厅对每个员工的能力要求均不同，自然也要对时薪进行相应的合理设定。

确定每个时间段所需的工作内容和员工数量,并根据预测的食客人数进行合理配置,这就是人力成本的管理内容。其根本,就在于对工作计划的制定。

提高劳动生产率是人力成本管理的重点

与原料成本管理一样,消除浪费和损失也是人力成本管理的重点所在。此外,还有一点也值得深思:员工收入是否合理。

无法为员工支付合理薪酬的餐厅是不可能长久的。而且,原则上人力费用是包含主厨薪酬在内的。偶尔遇到困难可以"暂时挪用",但不能长久如此。让人力与利润形成良性循环,是持续经营的前提条件。

说到这个问题,就不得不提"劳动生产率"了。劳动生产率是指一个员工在一定时期内创造出来的附加价值。这里的附加价值指的就是毛利(销售额-原料成本),这一数值与员工的薪酬息息相关。劳动生产率低,就无法给员工发放丰厚的薪酬,所以这个数值的改善尤为重要。

用更少的人产出更大的销售额

只要能做到维持销售额、提升毛利率,理论上就可以提升劳动生产率,但这是不切实际的。一味降低成本会影响产品的价值,顾客的信赖度也会大打折扣,并不会起到提升劳动生产率的作用。所以,餐厅应该提升每个员工产出的销售额,也就是提升员工的劳动力效率,即"用更少的人产出更大的销售额"。

店内分工是否合理直接影响工作效率的高低。我曾在美国的一家牛排餐厅担任店长,那家餐厅共有70个座位,但运营人员只有5位。除了我之外,还有1位主厨、1位主厨助理、2位服务员和1位杂工。杂工负责收拾餐具,他必须在顾客离开后的一分半钟内收拾好旧餐具、放置好新餐具以迎接新的顾客。他的工作极其重要,因为翻台率的高低会对销售额及劳动生产率产生直接影响。

一般的餐厅很难依靠这区区数人维持正常经营,所以明确每个员工的工作内容是非常重要的,餐厅需要在此基础上制定出团队的工作准则。在用餐区工作的 3 位员工中,最资深的员工 A 负责引导客人入座,次资深的员工 B 负责从旁协助,经验最浅的员工 C 则只要全力做好服务工作即可。

员工意识到工作效率的提升会直接影响自己的收入后就会浑身充满干劲儿,这就是人力与利润的良性循环。

"计划"决定经营

"工作计划"是管理劳动力成本的关键,它决定了所有人必须在每天的哪个时间做哪些工作。尤其是员工数量不多的餐厅,这个方法能够大大提升人员的工作效率。

说到效率,很多人可能会联想到削减人手、偷工减料等方面,实际上并非如此。在前文中我也提到过,用最少的成本获得最大的利润,这就是劳动生产率的目标。

想要提升效率,就要明确规定"在什么时间做什么工作"。提前做好工作计划,是提升效率的最佳方法。

这不仅适用于餐厅内的具体操作,也适用于餐厅的整体运营。与工作计划一样,运营方面也需要提前明确"何时该做什么"。

餐厅应根据具体的工作频率来进行分别管理。我们以每周都需要进行的工作为例。

如果每周的某一天需要给店内的植物浇水，那么除了每日的晨会外，还应在每周的某一天召集所有员工开会。清洁维护也是如此，可以规定每周的某一天为"厨房设备的大扫除日"。

确定工作内容后，效率自然会提高

除了上述"每周管理"外，还有每个月都要进行的"每月管理"。虽然不如每周的工作那样频繁，但对经营而言，每月管理是非常重要的工作。

例如，要在每个月的 5 日前整理出上个月的销售报表，并在此基础上于每个月的 15 日前做好次月的销售预测。食材库存盘点的理想频率为每周进行一次，如果有困难，也要保证每个月至少进行一次。只有掌握了库存数量，才能综合销售预测结果来购买食材。做好预测和购买的工作，就能大大提高餐厅的经营效率了。

除此之外，还可以安排每月一次与所有员工共进晚餐，或是去其他餐厅观摩学习。这样做除了可以提升员工的工作热情,还可以培养团队精神,让所有人步调一致、思想统一。

确定什么时间该做什么事情后,就不会被其他不重要、不紧急的事情所干扰,浪费和损失自然也会大幅减少,这对提升工作效率、改善经营水平非常有效。

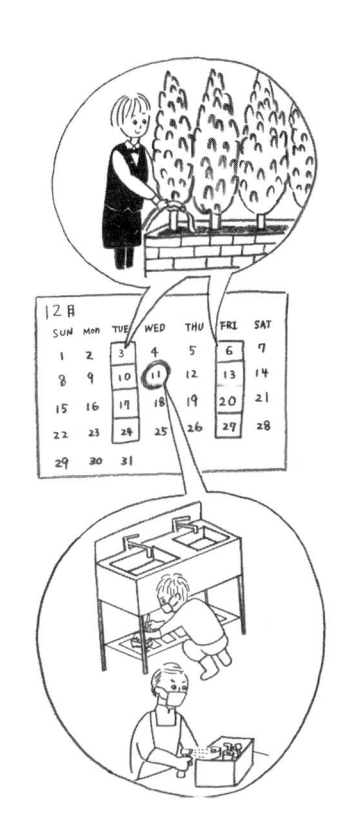

做好采购工作

采购是厨师每天必不可少的工作。"以尽可能低的价格获得最高品质的食材"是最理想的状态,但在很多情况下,结果恰恰相反。

高价购买的食材并不符合预期的情况时有发生。除此之外,品质稳定性不佳也是一大困扰,即便是同一种食材,前后两天采购到的品质也会有所差异。

之所以会出现这种情况,主要是因为餐厅没有制定严格的采购标准,不清楚"自己需要使用什么品质的食材"。所谓品质标准,除了譬如牛肉或鱼肉的脂肪含量等标准外,还有一个更重要的管理事项,那就是"频率"和"温度",即具体食材的采购周期,以及到进入仓库或使用之前的合理存放温度。想要明确这两点并督促严格遵守,就必须制定食材的管理方法。

根据我在美国学到的餐厅经营理论，食材可以分为以下七大类：

①畜类（牛肉、猪肉等）

②禽类（鸡、鸭等）

③海鲜（贝类等）

④蔬菜和水果

⑤瓶装及罐装食品

⑥蛋、乳制品

⑦面包、谷物

之所以这么分类，是因为这七个类别的食材的购买频率和储存温度均不相同。在下文的盘点内容中，我也会按

照这个分类来说明库存的管理以及下一批次的采购数量。

只有当场检查才算验收

食材采购的频率固然受到销售量及季节变化的影响，但一些常用食材还是以"大批量采购"为基本原则。在可能的情况下，每周盘点一次是最为合理的，除了掌握食材的库存数量之外，还能做好品质的管控。

还有一个重要的确认事项，即在食材到达餐厅后检查其是否与采购需求一致。这个过程被称为"验收"，具体包括以下五个项目：

①食材数量

②价格（对照订货单与交货单）

③品质（肉的脂肪含量，蔬菜的新鲜程度等）

④卫生（包装方式、包装洁净度等）

⑤温度

食材到店后要立即检查以上项目。供应商把食材送到店里后，如果不立即处理，而是"现在忙着，先放那边"，食材很可能会出现问题。这类情况时有发生，所以在收到食材后，相关人员应立即打开包装检查，发现问题就马上要求退货或更换。

餐厅疏于对食材的监管，供应商自然也就乐得清闲。反之，如果餐厅严格对待验收工作，那么供应商也会提起十二分精神来对待。

紧张感和信任感是采购的两大驱动力

我从美国某所大学的餐厅管理系毕业后，在由企业家马克·托马斯经营的餐厅中工作了一段时间。在那里，我学到了包括餐厅管理方法在内的许多知识，收获了人生的一笔宝贵财富。

托马斯先生的众多经营方法中，最令我耳目一新的是他与各类供应商之间的关系。"供应商"这个说法多少带有一种居高临下的含义，但托马斯先生一直非常尊重他的供应商。他将供应商视为自己的重要合作伙伴，所以总是以礼相待，并要求自己的员工也应如此。

托马斯先生每年都会邀请所有供应商来他的餐厅共进一次晚餐，这对他来说是一项非常重要的活动，不仅可以加强彼此间的信任感，还能获得一些对自己的经营发展很有帮助的信息。

我在他的牛排餐厅担任店长的时候，也时常与来餐厅送货的肉类供应商交谈，每两个月和他们共进一次晚餐，互相分享一些行业信息。在这里，我学到了很多食材知识。例如，如何分辨肉的等级、肉类的正确切割方法等。

由于我没有实际的烹饪经验，所以在与主厨及其他厨师交流时，难免会遇到一些障碍。在这种情况下，从供应商处了解到的专业知识就成了打破障碍的重要工具。

用实际行动体现自己对供应商的尊重

我想，每一位厨师都非常了解供应商的重要性，那就用行动来表明自己的态度吧。至少每月与他们好好交流一次，聊上15分钟就够了。最重要的是，一定要坚持下去。

与此同时，餐厅内的所有员工在遇到供应商时也应热情地打一声招呼，并在收货时对他们说一声"谢谢"。事实上，这也是餐厅的基本礼仪。除此之外，也要对他们细心周到，例如可以在炎热的天气里为他们端上一杯冷饮。

与供应商建立起高度的信任关系，一定会成为餐厅的一大优势。即使出现因恶劣天气等原因导致食材供不应求的情况,供应商也会优先考虑我们的需求,更愿意为我们提供物美价廉的优质食材。

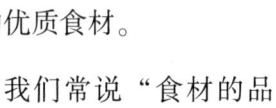

我们常说"食材的品质源于精准管控",虽说某些供应商的确会偷偷摸摸掺入一些劣质的食材,但对此"不闻不问"就是餐厅的问题了。验收食材时要保持一定的紧张感,同时也要积极构筑与供应商之间的信任关系。只有做好这两点,才算得上是合格的采购。

"合理的库存"是经营稳定的先决条件

除了合格的采购之外,"合理的库存"也是食材管理中的重点,它尤其会对流动资金造成重大影响。

很多餐厅都在采用"当月末对账,次月末结算"的付款方式来采购食材,这意味着原料抵达餐厅到付款之间存在至多两个月的时间差。如果客人采用的是现金支付的方式,那么餐厅就可以先回收资金,存在自己的账户上,待付款日再支付给供应商,这对现金流是非常有利的。这就是我们常说的餐饮业具有"现金经营优势"。

然而,这一优势需要具备一个严格的必要条件,那就是确保所有的食材都被转化为菜品并销售出去。而在很多情况下,食材都是以库存的状态存在,或是出于某种原因被丢弃,并没有转化为菜品。前者为存货过多问题,后者为食材损耗问题,这两个问题都会抹杀现金流带来的优势。

不仅如此，销售额不如预期，但支出的原料成本却分文不减，这无疑会给餐厅经营带来很大的压力。

为了保证资金流的顺畅，首先要解决库存过多的问题。食材损耗问题可以在操作过程及营业期间立刻发现，而库存状态不能。想要解决这个问题，就必须严格做好"盘点"工作。

每周盘点一次

盘点的目的是对存货进行定期检查，以掌握食材的状态和数量情况。大部分的日本餐厅都是每个月盘点一次，而美国餐厅通常为每周盘点一次，所以又称为"Weekly Inventory"。其实，日本餐厅也应效仿美国餐厅，每周进行一次盘点。

周期长，检查频率也就相对更低。那么能否用更加严格的管理来弥补这个不足呢？答案是：不能。两次盘点之间会积压很多库存，很容易出现"食材数量计算错误"或"一不小心过了保质期"等问题。

如果计划每周盘点一次，首先要明确所有食材的一周合理库存量。这是基于对食客数量的预测，也就是菜品销售预测值得出的。然后再在此基础上确定每种食材的合理库存，在库存盘点过程中进行比较。这个做法可以避免库存过多的问题，同时也可以随时补充库存过低的食材，以防断货。

盘点是餐厅的"资产管理"

"先进先出"是盘点的基本原则。所谓"先进先出"，就是按照食材购买的时间顺序来依次使用，英语写作"first-in, first-out"。

若不贯彻这一做法，就可能出现永远处于库存状态的食材。过了保质期后，这些食材不是被扔掉，就是被不慎使用，具有很大的安全隐患。

为了确保"先进先出"原则的严格遵守，首先要了解食材的入库顺序。为此，应在仓库中明确划分食材的保管区域。食材被运进仓库后，就必须按照存放标准进行放置，并且做好仓库内的整理工作。

现在，请大家回忆前文中我曾提到的食材管理规则。食材可以分为七大类：

①畜类（牛肉、猪肉等）

②禽类（鸡、鸭等）

③海鲜（贝类等）

④蔬菜和水果

⑤瓶装及罐装食品

⑥蛋、乳制品

⑦面包、谷物

盘点工作也是基于这个分类进行。七种类型食材的储存温度及所需的盘点频率均不同，蔬菜、水果、蛋及乳制品一般为每天或间隔三天采购一次，瓶装及罐装食品则可能为间隔一周或更长时间采购一次。

按照这七个类别放置食材，可以基于特定的收货频率快速确认库存数量，也能迅速推算出到下一个交货日前还有多少库存以及需要补充多少库存。

了解食材重要性的宝贵机会

盘点工作包括清点库存原料数量及填写确认表。用上一次盘点时的库存数减去此次盘点的库存数，再加上本次采购的数量，就可以计算出相应期间内使用的食材成本。用这个数字除以销售收入，便能计算出相应期间内的成本率。

如果能每周盘点一次，就可以每周了解一次成本率。虽然在实际经营中我们并不会对成本率进行如此严格的管控，但还是建议大家坚持每周盘点一次，以确定采购的食材是否真的被使用了（是否顺利转化成销售额），以免发生食材浪费问题。

盘点工作原则上应为两人一组进行：一人负责确认数量并口述，一人负责填写确认表。如果是主厨自己的餐厅，可能会由主厨单独完成盘点，但还是建议尽量让员工一起参与。因为盘点是一个非常好的学习机会，可以让员工意识到食材对餐厅的重要性。

食材不仅是制造美味佳肴的原料，更是销售额（资金）的来源。对于餐厅来说，盘点既是"资产管理"，也是一种基于经营角度认识食材重要性的方式。

总是被忽视的效用成本

数字化管理中最重要的就是消除浪费。据我了解，与美国的餐饮业相比，日本在许多方面都存在大量的浪费。

美国最大的厨师学院——美国烹饪学院会从新生入学的第一天起就教导他们"厨余垃圾桶中不得出现任何可用的食材"。蔬菜的边角料或鱼类的中轴骨等都可以用于熬煮汤汁，所以一定要将所有食材的价值发挥到极致。这便是餐厅经营的第一步。

员工也是如此。我们总能在日本餐厅中看到服务员安静地站在一旁等待顾客的情景，这是在美国餐厅中看不到的。在美国餐厅，一旦闲下来，服务员就会站在桌子旁与顾客聊聊天，或是为他们续上一杯饮料。当然，这与小费制度也不无关系。但不管怎么说，服务质量的高低一定是与顾客满意度息息相关的，进而影响到餐厅的等级和销售额。所以，餐厅要极力避免人力成本的浪费。

另一项变动成本是效用成本，也就是水电暖气费。与原料成本和人力成本相比，效用成本的绝对值简直不值一提，因此总是被忽视。不过，日本餐厅中，也不乏因为没做好效用成本管控而造成重大浪费的案例。

应采用灵活的成本管控

我的管理学导师马克·托马斯拥有"美国酒店和餐厅之王"的美誉。他经营的所有餐厅都创造出了令人难以置信的巨大销售额，不过与此同时，他对餐厅的效用成本也作出了严格的规定。

例如，餐厅的照明设备只能在开店前的 15 分钟开启，这显然是为了避免电费浪费。但他还有另一个规定：入口灯与招牌灯必须在开店前的 30 分钟开启。这是为了尽快通知客人"我们今天营业"，从而起到招揽顾客的作用。

在消除浪费的同时，也要保证必要的开支。灵活的成本管控对于提升销售额是极其重要的，所以除了制定消除浪费的标准之外，也要对日常开销进行严格管理。水电暖气费必须指定专人负责每日记录。这样一来，一旦出现数值异常就能被立刻识别，进而迅速分析出原因、采取对策。

例如，如果用于解冻的自来水使用量过大，就应该立即修订使用标准。漏电或设备故障也会导致电费飙升，如果放置不管，可能会导致重大事故发生，而每日检查可以有效消除安全隐患。

消耗性费用的管理应基于细致的成本意识

效用成本中，除了设施维护成本和运营成本外，还有"消耗性费用"。消耗性费用包括餐具备品、工作服、餐巾纸等消耗品费用以及洗涤、清洁费用等。这个部分的金额占比应为销售额的 10% 左右。如果餐厅的月销售额为 300 万日元，那么这部分的支出就应该控制在每月 30 万日元左右。

从在销售额中的占比来看，消耗性费用与租金费用基本相等，但消耗性费用是无数小项费用的积累值。如果不对每项费用进行管控，就可能出现意想不到的浪费。与效用成本一样，餐厅也要不断向员工灌输其重要性，并制定严格的执行标准。

员工意识可以左右成本

碗碟、玻璃杯等餐具备品是主要的消耗性费用支出。因员工失误导致碗碟破损、碎裂（出现裂缝或缺角）而不得不丢弃、更换新品的情况时有发生。虽然不排除会出现不可抗力的情况，但主要原因还是在于员工没有"餐具也是重要资产"的意识。餐具与食材一样，都应该定期进行盘点、计算支出费用，并将结果转告所有员工。

员工是否重视消耗品，也会直接影响餐厅的成本支出。例如顾客不慎将饮料洒在桌上要求餐厅提供餐巾纸时，一些员工可能会一次性递上许多张。虽然这可以提升顾客的满意度，但从成本的角度来看，这个做法并不可取。想要控制成本，可以采用一张餐巾纸应急，剩下的污渍用干净的抹布擦干净的方式。

绿植费用也常常被忽视。如果因为忘了浇水而导致它们干枯，就不得不花钱重新买一盆了。尤其是大型观赏类植物的价格一般都比较昂贵，所以店主应明确规定浇水日期和责任者。

出发点决定了主厨经营者[①]的经营方式

所有的成本最终都将以"钱"的方式体现出来，这一点毋庸置疑。所有的销售活动都需要金钱的支持，只有让员工明白这一点，才能不断提升经营水平。

正如前文所说，食材也是店内的重要资产。如果员工未经允许就将剩余的食材带回家，也会给餐厅带来重大的损失。所以自新人入职起就要不断向他们灌输这种意识，要明确规定员工的工作内容和严禁事项，并让他们承诺一定会遵守。

但在此之前，主厨经营者也要做到严格的自律。例如，为亲友免单，却不在公账上体现的做法就是不可取的。这笔费用理应由主厨经营者支付，或在账面上体现为餐厅的交际费支出。主厨经营者是所有员工的榜样，一定要起好

---

① 主厨经营者：拥有店主和主厨双重身份的餐厅老板。（译者注）

带头作用。

过去，高级餐厅一直都以文化展示为主，认为提钱是一件庸俗之事。其实，说这是一种不良风气都不为过。我们要时刻牢记一点：没有钱，何谈提升员工和客人的满意度，又何谈实现丰富的饮食文化呢？

所以，未来的主厨经营者一定要对数字具有高度的敏感性。

访 谈　厨师与经营②

力石宽夫 ×

Waketokuyama 主厨

野﨑洋光

1989年，36岁的野﨑洋光就任"Waketokuyama"的主厨一职。在尊重传统及饮食文化的同时，他也在不断探索符合时代要求的新型烹饪方法，赋予了日本料理以无限的可能性。迄今为止，其已出版100多部书籍，也在日本各类电视节目和活动中频频出镜。

力石：在与您接触的过程中，我觉得您真是不愧"日本料理界领军人物"的称号，不仅厨艺精湛，而且待人温和，很有修养。我认为这两点是每一位专业厨师都必须具备的，请问您是如何做到的呢？

野﨑：过奖了过奖了，我也正处在不断学习的过程中，所以万万不敢夸口。不过我一直觉得自己是很幸运的，因为从年轻起就有机会在料理台前与顾客直接交流。我是在"Waketokuyama"餐厅升任主厨的，在那里，我从包括摄影师林忠彦先生、秋山庄太郎先生等常客身上学到了很多。大道理就不说了，小到"打扫的时候不能被客人看到"等细节都必须时刻注意。厨师每天都待在封闭式的厨房里，思维也相对比较简单，所以很多情况下都是客人教会了我们很多。

力石：确实，从某种意义上说，厨房犹如一处"圣地"，里面的一切都受到等级制度和专制思想的控制。

野﨑：您说的对，日本料理界更是如此。例如，日本料理的主厨如果不满餐厅政策是会带着属下罢工的，这听起来很不可思议，对吧？但在过去却经常发生。然而，主厨一直都待在后厨里，一旦面对顾客就一句话都说不出来了，也完全没有能力解决顾客的投诉。

力石：这无异于是"山大王"啊！但这并不意味着可以得到社会认可。

野崎：我也算是被顾客训练出来的。有人曾对我说："你做的东西都很难吃，所以只要给我上米饭和味噌汤就行了。"虽然当时的我确实没有什么经验，但也非常感谢如此直白地指出我没有经验的顾客。我庆幸自己当时身处那种环境中，所以我时常告诫年轻人，要用"普通人"的心态来看待自己，我们的职业没有任何特殊性。无论别人说什么，我们都必须虚心接受，积极吸收，只有这样才能在社会上站稳脚跟。餐厅的顾客来自各行各业，我们一定要让自己强大到足以处理所有问题，主动向每个人学习，这种磨炼是非常重要的。从这个意义上来说，我们其实也是很幸运的。

求知欲是学习的源动力

力石：我认为，这不仅可以拓宽厨师的视野，也是厨师摆脱"只会做菜"的身份，逐步以专家的姿态得到社会认可的条件。

野﨑：我在这方面也是非常幸运的。从 30 多岁起，我就有幸接触了许多其他流派的厨师，例如法餐、意餐和中餐，等等。也正是在那个时候，料理界出现了一个新的现象：我们都步入了以法餐中的"新式烹饪"为代表的"个人时代"，这要求每一位厨师都必须以个人的身份来面对社会。其实这也是商业市场的要求，也从侧面说明了日本料理界的落后。这个现象提醒我：是时候做出改变了。

力石：我觉得对于厨师而言，除了需要不断精进厨艺之外，磨炼自己的"感性"也是十分重要的，所以从其他流派的厨师身上学习新知识也是一件非常有意义的事情。据我所知，您出版过许多烹饪类的书，我想这也是磨炼感性之后的成果吧。

野﨑：是的，对"原来世界上还有这种东西啊"的求知欲是让我不断学习的源动力。撰写一些烹饪书籍，经营已经延续了 30 年的料理教室，都是让我继续学习的动力。因为我不能在所有书里写同样的内容，也不能在课堂上重复同样的教学，所以我必须学习。与此同时，我也会思考

"虽然过去是这么做的，但现在其实需要改变了吧"等问题。学无止境，食材方面也是如此。如果我们到产地与生产商聊聊，就会发现自己犹如井底之蛙，这个世界上有太多太多你觉得自己懂了，但其实根本一无所知的事情。所以我们也要努力提高沟通能力，让自己获得更多知识。

力石：说到学习这件事，其实我一直都有创立一所"食文化研究生院"的梦想，为那些即将进入餐饮行业，或者已经进入社会却想重新学习料理的人提供一个可以学习饮食文化的场所。

野崎：这是一个很棒的主意。我觉得从烹饪学校毕业参加工作的人都应该在就业大约三年后重新学习一次，因为刚就业的人需要花很大的精力去适应工作环境，工作经验的积累能为学习新知识奠定更加牢固的基础。这个阶段的员工不仅具有更高的知识吸收能力，还能通过学习提升职业自豪感。

再次感受到了"价值观"的重要性

力石：受到新冠肺炎疫情的影响，很多餐厅都已经摇摇欲坠了。您担任总厨师长的"Waketokuyama"餐厅也曾停止营业了一段时间。那么在此期间，您觉得对于厨师而言，什么才是最重要的呢？

野﨑：我觉得是"价值观"。厨师创造的不仅是食物，还包括价值。我每天都坚持来餐厅，这源于我所秉持的价值观。顾客愿意来餐厅，也是因为他们认同我们的价值观。所以顾客用完餐后，我一定会恭恭敬敬地目送他们离开。如果满意我们的服务，顾客一般会在离开后回头看一眼，这也是对我们所提供的价值观的认可。尤其是重新开业后，我在目送顾客离开时，发现一些常客回头看了我一眼，这让我再次感受到了价值观的重要性。

力石：因为双方已经建立起信任关系了。疫情再次证明了这种信任关系的重要性。

野﨑：为了应对疫情，我们将料理台分隔成了一个个单独的用餐区，每天都会测量体温，也会对手指等部位进行严格的消毒，这些当然都是我们的职责所在。重要的还在后面呢！我们要更努力地创造出客人愿意来这里用餐的理由。

力石：我担心原来想要进入这一行的年轻人可能会因为疫情而打退堂鼓。您觉得怎样做才能让自己在接受严格训练的同时，还能坚定不移地保持初心？

野﨑：无论我们从事什么工作，只有享受，才能持久。在我看来，享受的本质就是"理解"。在烹饪的世界中，我们考虑菜品的时候不仅要基于技术层面，还要结合历史和饮食文化来思考"为什么要这样做"。理解了这一点后，就会发现所有事物之间其实都是有内在联系的。刚入行的那段时间，我被艰苦的训练折磨得每天都想辞职。某一天我突发奇想，决定"每天学习三样新事物，无论什么内容都可以"。每天三样，每年就是一千多样了，而且还要把它们都记录下来，这样就能加深记忆，真正做到为自己所用了。这个方法对工作的延续是非常有帮助的。

Waketokuyama

自 1989 年开业以来，野崎先生不断推出融入个人独特创新技艺的新式日本料理。2018 年 5 月迁至现在的地址，成为三层楼餐厅，由野崎先生担任总厨师长，由阿南优贵先生担任主厨。餐厅提供 15000 日元（不含税和服务费）以上的晚餐套餐。

东京都港区南麻布 5-1-5
TEL：03-5789-3838
https://waketoku.com
※餐厅信息为 2023 年 5 月 31 日提供

第三章

磨炼『计划』能力

不仅要有"浪漫",更要看清"现实"

经营餐厅既需要"浪漫",也需要"现实",这两个方面对餐厅的经营而言缺一不可。前者是为了满足顾客的需求,后者是为了维持经营,或者说是赚钱。

很多主厨在计划开店的时候满腔热血,希望所有的顾客都能吃到自己用心烹饪的美食,希望自己的心血能得到更多顾客的认可。诚然,这对经营而言是最大的驱动力,也是一位优秀厨师应有的姿态。但很可惜,很多主厨忽视了"现实"的重要性,餐厅也因此不得不宣告停业。

经营餐厅需要处处认清现实,尤其是开店前的计划阶段更是如此。开店前,主厨经营者需要制定一个现实的计划,换而言之,就是需要拥有"计划"能力。

日本的餐厅有一个主要特点,那就是基本都需要"配合店铺"。最理想的状态,当然是先拟订一个计划,然后寻找与之相匹配的地段和店铺。可是在日本，尤其是在日本的大城市中，店铺的数量是非常有限的，所以一旦发现一处好的店铺，人们就会争先恐后地扑上去，根本没有太多思考的时间。这也意味着这类店铺的押金或租金极高，但这本身并无问题，重要的是要看清楚此处的市场是否具有投资价值。

现金的流动性非常重要

在选择开店地址的时候，仅凭借"这条街道的感觉"来决定是很危险的。很多人认为选址在一条繁华的街道上，各类店铺云集，无论男女老少都喜欢来这里，成功的概率自然会更高。但实际上，这种环境不利于餐厅生存。

游客类型和目的过于多样，就意味着我们很难精准瞄准客户群。来往的行人多，并不意味着他们都愿意进入餐厅。所以在选址前，一定要进行详尽的市场调查，否则选择租金高昂的店铺，却无法获得与之相匹配的投资回报，那自然就赚不到钱了。

开业前夕，还要认真计划店铺的资金筹措问题。这里的关键点在于降低还款和利息负担，也就是尽量不要从金融机构借款。可以等储蓄足够之后再考虑开店，也可以请家人或亲戚投资，采用租赁的方式降低设备投资，等等。

最重要的是，主厨经营者应在制定开店计划时时刻提醒自己注意"现金流"，然后将开业计划分为几个阶段，做好每个阶段的管理。

计划分为"构想计划→基本计划→实施计划"三个阶段

开餐厅之前，一定要制定出"商业计划书"，这无论对大型餐饮企业还是私人餐厅而言都是一样重要的。并且，需要确保任意第三方都能通过这份计划书了解计划中餐厅的具体形态。

"计划都在我的脑中"可不行，因为这样做无法筹措到开店所需的资金。只有极少数人能完全依靠自己的储蓄开店，多数人在多数情况下都需要从金融机构或其他渠道借入资金，因此必须保证自己的商业计划能让每个人都看懂。

商业计划书中应包括以下三个要素。

①构想计划

构想计划指明了餐厅发展的基本方向。正如前文中提到的,"配合店铺"是日本餐厅常见的商业模式,但在此之前,应明确要在哪个地点进行何种业务,这一基本计划便是第一步——构想计划。

在这个步骤中,市场研究是必不可少的。什么样的人群在这个商圈内生活或工作?哪一部分人群会成为自己的潜在客户?交通是否便于远道而来的客人?附近有多少竞争对手,拿出怎样的菜单、价格或装修风格才有机会打败他们?主厨经营者要将这些因素逐一整理出来并形成书面资料。

②基本计划

构想计划完成后,需要将其细化成基本计划。基本计划涵盖了餐厅的主要元素,如菜单种类、价格、服务方式、厨房及用餐区的布局，等等。

基本计划分为"软计划"与"硬计划"两部分。前者指的是整个项目的日程表、投资计划、收支计划、菜品配方及服务标准的制定等，后者则主要包括设计施工、装修标准、所需厨房设备的功能等与餐厅风格相关的项目。两者均需要形成书面资料，制定好"软计划"与"硬计划"后，基本计划才可宣告完成。

③实施计划

基本计划明确后，就要制定实施计划了。实施计划主要涉及菜品开发、人员配置以及装修的具体日程表。培训方法及室内设计等细节要素都必须在这一阶段确定。

合格的商业计划应该按照以上三个步骤进行创建。尤其是需要向金融机构借款的情况下，如果没有明确的构想计划和基本计划，商业计划将毫无说服力，又如何能顺利筹集到资金呢？

正如前文所说，经营是一种需要在"浪漫"和"现实"间找到平衡的行为。商业计划是经营的第一步，可以将其分为"构想计划→基本计划→实施计划"三个阶段。而且，主厨经营者也可以在这个过程中逐步适应"经营者"的角色。

能否永续经营,自开业起便已注定

在餐厅的经营规划中,应时刻提醒自己"要开一家可以永续经营的餐厅"。私人餐厅更是如此。

与拥有众多分店的餐饮公司不同,私人餐厅一般都是单店经营。在市场景气的年代,可以迅速收回投资并再开一家新店,但现在情况不同了,要以长期经营同一家餐厅为前提进行规划。

开业一两年后便难以为继的情况并不少见。开办第一家餐厅时大获成功,但在继续开第二家或第三家分店时陷入了经营困境,最终全线破产,这样的例子也比比皆是。

这些问题都是由于主厨经营者缺乏对永续经营的了解。

一定要了解"盈亏平衡点"的重要性

开店前,要时刻注意"盈亏平衡点"。很显然,"盈亏平衡点"指的就是盈利和亏损之间的平衡点,其通过销售额体现。具体来说就是"销售额高于某个数值则为黑字,低于某个数字则为赤字",英语写作 Break Even Ponit,简称 BEP。

销售收入减去各项支出后即为利润。前文中也有提及,成本分为两种主要类型:可变成本和固定成本。前者会随着销售数量的波动而变化,后者则为固定值,与销售数量无关。固定成本越高,BEP 就越高,餐厅也就越难赢利。

租金是最典型的固定成本。如果有借款,那么利息的部分也属于固定成本。除此之外,专职人员的人事费用也应被视为固定成本。

如果开店前选择了租金过高的商铺,或是在设备和室内装修方面花费过多,就会发现"再怎么提升销售额也无法赢利"。面积太大或布局过于复杂,导致需要配置大量工作人员的餐厅也是如此。出现这类问题的餐厅，自然是不可能维持太久的。

想要独立开店的人很容易出现过于自信、设定了极高销售目标的情况。他们可能会觉得"租金高点也无所谓""好不容易拥有了自己的餐厅，当然要用最好的设备"，但这只会导致BEP不断攀升，让自己陷入险境。

不断提高餐厅的BEP其实是一种"不自量力"的行为。所以，餐厅能否永续经营，自开业的那一刻起便已注定。

设备计划也在很大程度上决定了餐厅经营的永续性

想要餐厅一直赢利下去，就要将固定费用控制在最低限度，并以此为基准制定设备计划。此外还要注意，餐厅的设备计划都应从"稳定的料理和服务"这一观点出发来制定。

提到设备，大部分人首先想到的是厨房设备和烹饪用具。当然，主厨经营者要确保配置的设备与餐厅的菜品及规模相符并做好维护以保证其正常运行，但更重要的是，在配置设备的同时一定要充分考虑"工作路线"这一环境要素。

工作路线指的是员工工作时的移动路线。厨房内的工作路线优劣是餐厅能否做好品质管控的决定性因素。

餐厅的厨房由预处理区（负责准备和预处理食材的区域）、加热烹饪区（放置炉灶或烤箱的区域）等多个区域组成，烹饪工作需要多个区域共同配合才能完成。这就要求各区域之间的距离应尽可能短，员工的工作路线也要尽量避免交叉。主厨经营者要在考虑这一点的基础上确定每个区域的位置关系和设备布局。

如此一来，就能提升员工的工作效率，保证他们能依照前台的指示尽快完成烹饪。这样不仅能大大减轻员工的疲劳程度，也有助于保证食材品质的稳定。

尽量缩短、简化工作路线，是餐厅设施配置的铁则。

用餐区也应与厨房一样，保证工作路线的简化

工作路线的简化不仅适用于厨房，也适用于整个餐厅布局。换言之，就是要考虑厨房与用餐区的位置关系。

"Hot is hot（趁热）""Cold is cold（维持冰镇）"是最理想的状态，所以要尽快将菜肴端上餐桌。因此，厨房与用餐区之间的工作路线也应尽量简化。

具体来说，就是要保证服务员可以从传菜室（在这里接收后厨送来的菜品，将其送到餐桌）以最短距离直线移动到每个餐桌。同时，从传菜室要可以毫无遮拦地看到每个餐桌的情况，从而及时提供周到的服务。

厨房内的烹饪操作、厨房与用餐区之间的配合，以及根据顾客的用餐情况提供及时周到的服务——这些条件都必须在配置设备的时候一并予以考虑。

如何翻新餐厅

与菜品一样，餐厅也要常保"新鲜度"，因此要在开业一段时间后进行翻新。一般来说，所谓的翻新，就是购入新的用品和装饰物，用焕然一新的餐厅环境来吸引常客。

当然，翻新只能偶尔为之，因为这需要投入很多资金，甚至可能需要停业一段时间，会造成很大的经济压力。所以，餐厅要保证每次翻新都是有效翻新，至于翻新的费用，则是由开业时的花钱理念决定的。

俗话说："钱要花在刀刃上。"桌椅等顾客能看到、摸到的地方一定要优先确保品质，即便价格昂贵也值得投入。由于廉价劣质的物品很容易损坏或出现故障，需要频繁更换，因此虽然初期成本不高，但后期的维护费用也是不容小觑的。

卫生间的马桶和洗脸台也是值得投入资金的地方。卫生间是顾客在餐厅中唯一独处的地方，它会极大地影响顾客对餐厅的印象。尤其是以女性为目标顾客的餐厅，更要重视对卫生间环境的打造。

考虑长期成本，避免购买廉价物品

另一个应该确保品质的物品是墙布。它的展现与施工质量有关，劣质的墙布很容易剥落或损坏，虽然后期可以针对特定的受损部位进行修复，但这会影响餐厅的整体美观，所以还是要谨慎对待。哪怕价格高一些，也要在一开始就尽量选择质量好的墙布。

与此同时，也要尽量节约花销。例如大理石、花岗岩等高级装修材料，以及吊灯等装饰性照明设备虽然可以打造出高级餐厅的效果，但不建议在私人餐厅中使用。因为这些材料不仅涉及高额的初期投资，还难以清洁、维护，导致后期需要花费高昂的维护费用。

花钱时，眼光一定要放长远。此外，日常的保养也很重要。譬如我在东京赤坂有一间已经使用了二十多年的办公室，会议室里的桌椅还是开业时使用的那套，从来没有更换过。我每三天就会用粘毛器清洁一次布椅，所以它们一直保持得非常干净。虽然当时是高价购入的，但整体来说，还是物有所值的。

在保证设备和备品拥有足够长的使用年限的基础上，在应该翻新的时间投入合理的资金，让餐厅焕然一新，这才是正确的翻新方法。想要做到这一点，就必须在经营计划中同步考虑翻新问题。

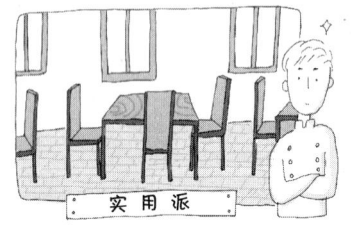

翻新应基于"顾客视角"

想要提升翻新的投资回报，就必须制定一个合理的翻新计划。对于私人餐厅而言，最佳的翻新时间为开业后的第五年或第六年，因为那同时也是设备折旧的结束时间。所以，在制定经营计划时也应同时考虑到这一点。

最理想的情况是，翻新时已经赚到了足以支撑所有翻新开销的利润。即使手中的现金不足，需要从金融机构借款，餐厅的稳定利润也是保证顺利借款的重要条件。

我在前文中说过，只要能做到该花就花、及时保养，就能大幅降低翻新费用。但也不能保证开业五六年后，不会因为设备和机器的"连续使用疲劳"而出现一些开业前没有设想到的情况。为了避免需要投资时拿不出足够多的资金，主厨经营者应该在制定经营计划时就充分考虑翻新问题。

一切按自己的想法做是很危险的

那么，翻新时具体要考虑哪些问题呢？在本文开头我提到了一个很重要的观点——投资回报，核心就在于"回报"本身。也就是说，翻新会带来什么回报呢？这个问题需要基于"顾客视角"来思考。

很多人在决定翻新时会考虑购买一些开业时买不起的设备，或借此难得的机会提升一下餐厅的形象。如果有充足的资金和明确的方向，这么做当然无可厚非，但一定不能忘记一点：这些投资是否真的可以提升顾客满意度？

如果不能，效果就会适得其反。例如，将椅子更换成更高级、更舒适的类型，却反而让顾客感到不舒服、不满意。照明设备也是如此。诚然，灯具可以改变餐厅的氛围，却也可能会让顾客望而却步。一旦执着于自己的想法，就很有可能陷入类似的窘境。

因此，主厨经营者必须时刻提醒自己：这间餐厅得到顾客肯定和支持的原因是什么？只有明白这一点，才能在翻新前做出正确的选择。

不过，客观看待自己的确是一件非常困难的事情。所以我建议，可以向常客或供应商等熟悉餐厅的人咨询。每年举办两次聚餐活动，不仅可以加深与他们之间的关系，还能在共进晚餐时征求大家的意见，例如翻新时餐厅需要改善的地方，或是反过来应该保护的部分，等等。

在经营活动中，"顾客就是上帝"是亘古不变的原则，切不可有"唯我独尊"的思想。涉及翻新的问题时，更要时刻提醒自己这一点。

"健全经营"和"人力投资"是永续经营的关键

想要永续经营，就要时刻保证"健全经营"。具体来说，就是要提升销售额并确保赢利。

为此，要严格控制对餐厅经营而言最重要的成本，包括"F/L 成本""效用成本"等可变成本，以及"租金"等固定成本。

高额的固定成本意味着盈亏平衡点的升高，这会让餐厅经营无以为继。"F/L 成本"根据管理方式的不同会出现 1%~2% 的波动。但我们要明白，餐厅的最终利润率也不过是营业额的 10% 而已，足见这部分费用的重要性。

是否能够做好成本管理，决定了餐厅是否可以创造出永续发展所需的利润。除此之外，成本管理还有一个重要意义——确保为"人力投资"留出足够的资金。

人力投资应纳入初期预算

想要长久生意兴隆，就要为人力培养留出足够的费用。培养人才的路径包括学习会、研修旅行、参加各种论坛等，重点不是"为此留出部分利润"，而是从一开始就决定"将销售额的百分之几用于人力投资"。

"纳入初期预算"对餐厅的长久发展是非常重要的。人力投资并不仅限于餐厅内部人员，而是以所有餐厅相关人员为对象的投资。

例如，要确保与食材供应商加强联系所需的费用。为了加深彼此间的合作关系，也为了创造一个可以互相分享信息的平台，每年应至少一次招待供应商来餐厅共进晚餐。使之形成一个惯例后，供应商就会更愿意前来赴宴。这是一个让餐厅长久兴隆的有力武器。

此外，具有前瞻性的餐厅也应重视与当地居民间的情感维系。举办一些地区性的活动，为当地的发展尽一份力量，这是餐厅的职责所在，也有助于餐厅的长久发展。在编列预算的时候要为此留出适当的份额，并以此为前提制定收支计划。

餐厅应将以上投资纳入中长期计划之中。首先，设定一个目标，例如在开店的第三年举办类似的活动。成功做到后，就可以扩大目标，例如在开店的第五年、第七年，或是第十年举办同类活动，等等。

这样做不仅会提升经营者的热情，也能强化所有餐厅相关人员对餐厅的情感。这是一个确保餐厅长盛不衰的重要举措。

思考餐厅的"促销"方案

促销（促进销售）是支撑餐厅长久发展的重要活动。促销的英语写作 Sales Promotion，简称 SP。这个词在日本也很常见，人们将海报及弹出式广告等统称为"SP 工具"。

促销是一项非常重要的营业活动，却被日本餐饮业误用了很长一段时间。一直以来，日本餐饮业都觉得所谓促销，就是销售低迷时吸引顾客的手段，犹如强心剂。

大型快餐店及家庭餐厅连锁店都会通过打折或发放优惠券的方式进行促销，私人餐厅也是如此。寄给客人的当季菜单或特别菜单宣传明信片上，有时也会写上"原价××日元的菜品仅需××日元便可享用"等文字。我就曾收到过一些关于御节料理①优惠的宣传明信片。

---

① 御节料理：日本在节日时做的特殊料理。（译者注）

有些餐厅认为自己的折扣一定会让顾客觉得"挺划算的，那就吃这家吧"，实际上这往往会产生反作用。因为如此一来，顾客就只会以价格来评价餐厅了。

一开始就打折，会降低餐厅的价值

餐费的决定因素除了菜品的品质，还包括餐厅的整体氛围等多个方面。所以顾客在选择餐厅时，不会只看"菜单上的菜品贵不贵"。

如果一家餐厅自开业起便隔三岔五地"打折"，那只会大大降低自身的价值。上面提到的大型餐饮连锁店就是一个反面教材。

这种做法带来的最可怕后果是，员工的意识也会随之发生变化。例如，一件价值100日元的产品被标上70日元的售价后，每个员工的脑中都会浮现"那剩下的30日元该怎么办"的问题。实际上从这一刻起，员工就已经有些泄气了。如果用降低食材质量或减少分量的方法来弥补损失，就会大大降低员工的工作积极性。

尤其是在原料成本和人力成本不断上升的情况下打折的话，更是不可避免地要从其他方面弥补损失。事实上，顾客也很清楚这一点。

餐厅绝不应该把促销当成一针强心剂。尤其对私人餐厅而言，最重要的就是保证经营的持续性，所以千万不能采取那些只图一时痛快的方式。

只有珍惜和重视顾客，创造出让他们满意并愿意再来的机制，才是餐厅应该开展的促销活动。

通过奉献社会传达餐厅理念

常客比例高,是餐饮行业的一个重要特征。我们将常来用餐的顾客称为"回头客",无论是哪种类型的餐厅,回头客都是最主要的客源。

因此,在促销的时候就必须考虑这一点了。只有让顾客了解这家餐厅究竟卖的是什么,他们才会愿意进来用餐。这是促销的目的,但更重要的是要想办法提升回头客的数量。

媒体报道,也就是宣传,是最有效的集客方式。其中,尤以电视节目最为有效。一般情况下,节目一经播出,餐厅就会被慕名前来的顾客挤得满满当当。遗憾的是,很多餐厅会将这种现象归功于自身实力,于是态度也变得极其傲慢。

衡量一家餐厅是否受欢迎的唯一标准就是回头客的数

量，唯有菜品美味、服务周到的餐厅才会让顾客愿意再来用餐。可以说，回头客就是认同餐厅品质的顾客。

提高认可餐厅、认同店主或厨师理念的回头客数量，是餐厅的最大目标。

时刻提醒自己"与当地社会和谐相处"

具有前瞻性的餐厅应重视与当地社会的和谐相处。为此，餐厅可以推行多种举措，而这其实也是最有效的促销方式。

例如，可以参加一些为当地居民提供美食的活动，或邀请当地居民来店里参加烹饪课程。有些餐厅还会到当地的小学开办烹饪课，这也为孩子们提供了一次认识食物的机会。为当地社会做贡献也是餐厅理念的一种体现。通过这些活动，可以提升餐厅的知名度，自然也就"酒香不怕巷子深"了。

多家餐厅合作举办活动也会产生极好的效果。例如，千叶县野田市就曾举办过一场联合促销活动，参加者主要为当地的特色食材、原料（例如酱油等）生产商，以及使用了当地特色原料的餐厅。每家餐厅使用的原料及菜品被制作成一个个小册子，或是发放给餐厅内的食客，或是邮寄给一些回头客。这项活动为顾客提供了更多深入了解餐厅的机会，也成功地增加了所有生产商、餐厅的回头客数量。餐厅生意好了，自然也能促进当地食材生产商的发展，最终带动当地社会的整体发展。

如今，对餐厅的评价已经不仅限于菜品了，还包括餐厅的整体经营理念，也就是"为什么要经营这家餐厅"。所以说，促销的本质就是向所有人传达这种理念。

如何持续得到食客的喜爱

餐饮行业是一个回头客至上的行业，回头客的数量直接决定了餐厅的人流量及销售额。而其中最重要的，是食客来此用餐的频率。

虽然高端餐厅的来店频率较低，但他们的顾客一般都是基于非常明确的消费动机——为了偶尔改善一下生活，享受一顿美味的大餐，所以食客对餐厅的期待值也很高。这意味着，一旦无法令食客感到满意，这家高端餐厅的失望值也会高于其他店。

我们偶尔能看到某些餐厅的门口挂着"今日已被包场，无法为您提供服务"的提示板。许多餐厅喜欢接收聚会和团队的包场订单，因为这意味着完全不用操心当日的销售额了。但实际上，主厨经营者应该对此采取谨慎的态度。

这是因为，包场意味着这一天餐厅无法接待回头客，尤其是那些非预订制的餐厅就更是如此了。对于那些目的明确的常客来说，因为被包场而无法进入店内用餐的情况会给他们留下非常深刻的负面印象，并且会对他们以后来此用餐的频率产生很大的影响。

因此，如果有包场订单，主厨经营者一定要确保有足够的时间提前通知常客。一旦被提前通知，即便常客在当天并没有去餐厅消费的计划，也会觉得"得到了足够的尊重"。

"餐厅忠诚度"是成功的关键

一家尊重顾客的餐厅，同样也会得到顾客的喜爱，让顾客愿意再次来此消费，这就是"餐厅忠诚度"。忠诚度也可以说是信任，指的是顾客对餐厅的信任状态。忠诚度是一切经营持续发展的源泉，不仅是餐饮业，其他行业也是如此。

这种信任感基于员工的日常行为而形成。例如，员工能够准确叫出常客的名字，能够准确掌握他们是来此吃一顿便餐还是为了纪念什么特殊的日子,并在此基础上将顾客带到合适的餐桌。如此一来,顾客就会觉得"他们真是善解人意",那么这顿饭就能吃得更安心,也更开心了。

这不是特定员工的职责,而是餐厅的所有员工都必须提供的重要服务。为此,主厨经营者可以在日常会议中分享关于顾客的信息,并要求所有员工积极分享当天服务中发现的问题点和今后的改善方法。

唯有打造出一种重视顾客、不断努力提高顾客满意度的餐厅氛围,才能持续得到食客的喜爱。

访　谈　厨师与经营③

力石宽夫 ×

L´Effervescence 主厨

生江史伸

自担任法式餐厅 L'Effervescence 的主厨以来，他通过参加国际烹饪学会等方式，积极向全世界传达自己的思想。现为母公司株式会社 CITABRIA 的行政总厨，在包括业务发展的多个领域都有优秀的表现。

力石：我知道您曾作为颁奖人参加了由 2015 年美国烹饪学院举办的研讨会 "Worlds of Flavor"，我认为您是日本为数不多的拥有全球视野的厨师。请问您是如何一步一步成长至今的呢？

生江：其实我的大学专业是政治学。我从小就对这个世界很感兴趣。我上小学的时候，突然看到了一张非洲难民的照片，骨瘦如柴的孩子令我大为震撼。那一刻我强烈感受到，原来这个世界上还有很多无法用我们日本人的常识来解释的现象。从那以后，我对这个世界的兴趣就愈发浓厚了。

力石：您没有选择政治方面的职业，而是进入了美食的世界，是因为您从小就对烹饪感兴趣吗？

生江：这倒不是。主要是因为我从大学起就被父母逼着独立生活，所以就不得不找一些兼职工作养活自己。也是碰巧，我在自由之丘的一家意大利餐厅"capricciosa"找到了一份洗碗的工作。所以，引领我走进美食世界的，其实是"谋生"。

危机时刻更考验厨师的能力

力石：我想，您也正是从这里开始俯瞰厨师这份工作的吧？或者说，正是因为有了这个经历，您才会在技术之外，同时关注到服务、餐厅环境等其他方面。

生江：您说的对，厨师的工作其实包含了许多方面，而且彼此之间是相互关联的。成为主厨后就可以自由创造任何设想中的菜品了，这会带来极大的成就感。但实际上，这种自由还与很多方面紧密联系在一起。只有不辜负投资人的期望，只有维持餐厅正常营业、让员工能够稳定地生活下去，才是真正的自由。只有履行了这个责任，才可以为包括食材供应商在内的、与餐厅有关的当地所有相关方贡献出一份力量。所以，我在 2010 年就任 L'Effervescence 的主厨后并没有满足于单纯的烹饪工作，而是一直在思考自己能为社会做些什么。尤其在东日本大地震后，这种愿望变得更加强烈了。

力石：东日本大地震应该发生在您开业的半年后。我记得那段时间，整个东京街头一片灰暗，您当时一定也很心痛吧？

生江：其实，我当时有一个更加强烈的想法："我们能为此做些什么吗？"我认真思考了厨师能做的事情，冒出的第一个念头就是"做些美味的菜肴"。而且，我们每天的大部分时间都待在厨房这个难以掌控的地方，所以内心是很强大的。厨师本就是越是危机越能发挥力量的职业，这是我在参加灾后志愿者活动时的感悟。开店后不久经历的这些事情，对我而言也是一个很宝贵的经验。

力石：在本次新冠肺炎疫情中，您也带头签署了维护餐饮行业的倡议书和陈情书，为医疗工作者提供了餐饮援助。我感到十分钦佩，我觉得这才是新时代餐饮人的姿态。

生江：在这个过程中，我也重新认识了"联系"的重要性。这项为包括医疗工作者在内的一线工作者和社会弱势群体提供食物的志愿服务，是在许多餐厅和厨师的通力合作下共同完成的。法式餐厅"Sincere"的石井真介负责统筹，我们公司的"Citabria Food Lab"被作为主要的厨房使用，所有人各司其职、互相配合。除此之外，我们还众筹到了2300万日元的善款。大家愿意相信我们、认可我们的行为并愿意出一份力，这真是太让我感动了。在东日本大地震发生时没有做好的事情，终于在这一次做好了——就是这种感觉。

用"意识"连接的时代很需要对话

力石：不过我也觉得，新冠肺炎疫情一定会给人们的生活带来变化。那么，您觉得新时代会出现哪些主要的变化呢？

生江：我认为这次疫情带来的最大影响就是沟通中断。每个人都比以往孤独了许多，也不得不开始面对自己。过去，我们可以通过积极与外界交往来避免孤独感的产生，也可以凭借在竞争中取胜来肯定自己的存在。但疫情以后这种做法就行不通了，于是很多人不得不开始正视自己的弱点。因此，在未来的沟通中，我们将不得不正视彼此包括优势和劣势在内的一切。而且，我们彼此之间也必须通过意识来加强联系。

力石：这样的时代要求厨师具备更强的沟通能力，是吗？

生江：是的。只有正确传达出自己的想法，才能加深与顾客之间的信任关系。而且，我们还需要拥有更强的表达能力。我在2018年创办面包店"Bricolage bread&co."时更是强烈地感受到了这一点。当时，我想创办一间比L'Effervescence的业务范围更广且可以满足顾客日常需求的餐厅。一开始我还在考虑2万日元的套餐内容，但5分钟后，我就开始担心该怎么卖出一块200日元的面包了。不过我真的很喜欢这种思想上的跳跃，在这间店里，我有了更多直接面对顾客的机会，也学会了该如何与顾客进行沟通。在这次疫情中，"Bricolage bread&co."是没有被暂停营业的，所以我也更深刻地感觉到，被不安的情绪所包裹的顾客寻求的是更深入的交流。

力石：作为一名厨师，您能把自己的餐厅经营得风生水起，我想您一定是众多年轻厨师的偶像。不知道您有没有什么想要分享给年轻人的经验呢？

生江：我们可以说是在动荡的年代成长起来的一代人。曾经有一段时间，我们通过自己的不懈努力，为自己和身边的人创造了富足的生活，大量生产、大量销售确实让很多人过上了好日子。但与此同时，地球也在默默地承受着由此带来的环境破坏等问题，甚至有一部分人还因此遭遇了不幸。随着全球化进展的推进，所有人都被更加紧密地联系在了一起，很多问题也就变得越来越复杂了。我觉得，这种变化一定会对厨师这份工作产生深远的影响。

力石：您建议未来的厨师要学习更多知识，是吗？

生江：是的。我们除了将自身所学尽数传授给年轻人之外，自己也要不断地学习，才能满足这个时代的要求。以前，我们只需要埋头苦干，完成自己的工作即可。但未来，我们还需要帮助年轻的厨师们在美食的世界中站稳脚跟，这是我们的使命。通过料理实现可持续发展，即创造一个可持续发展的社会，我相信，我们厨师能够为此贡献出一份重要的力量。我希望所有的年轻厨师都能理解并尊重这份职业的责任和价值。

L'Effervescence

以独特的技艺烹饪出极具日本特色的法式料理，即"用复杂的技艺呈现出至简的芫菁"正是该餐厅的一大特色。

该餐厅因"一座建立①"的经营理念备受好评。午餐、晚餐均只提供28000日元（不含税和服务费）的套餐。

（照片：Luuvu Hoaug）
东京都港区西麻布 2-26-4
TEL：03-5766-9500
http://www.leffervescence.jp
※餐厅信息为 2022 年 11 月 31 日提供

---

① 一座建立：日语，中文意思是"齐心协力"。（译者注）

第四章

厨师更应该提供服务

QSC 中服务的重要性

不知道大家是否听说过"QSC"这个词？这是以三个英文单词的首字母来表达餐饮业中最重要的三个要素：

第一个 Q 表示 Quality，也就是品质。就餐厅而言，就是提供符合规定品质（美味）的菜肴。

第二个 S 表示 Service，也就是服务。这里的服务指的不仅是接待顾客，还包括迎接顾客、让顾客愉快地用餐，然后满足地离开。

最后一个 C 表示 Cleanliness，也就是卫生。为了避免最坏的情况——食物中毒的发生等，一定要保证店铺时刻处于干净整洁的状态。

在这三个要素中，厨师一般都会密切关注 Q 和 C。就目前来看，S 似乎还未得到足够的重视。

当然，和过去相比，如今的厨师已经越来越具备服务意识了。过去，某些厨师可能会傲慢地认为："我厨艺这般了得，哪怕怠慢你们一些，也没什么大不了的嘛。"但如今，这种坏厨师形象早已不复存在。话虽如此，我认为现在的日本厨师，还远远没有真正理解前文提到的服务的意义，也并未认真付诸行动。

重视每一位员工，这是一切的起点

所谓服务周到，除了要礼貌应答、规矩待客，更要做到敏锐地察觉顾客当下的需求，先顾客之忧而忧，具有洞察顾客内心的能力，提供真正符合顾客需要的暖心服务。顾客满意的服务才是好服务，要让顾客体验到宾至如归的感觉。

餐厅的好坏，很大程度上取决于员工的素质，但也不能完全依靠他们的自觉。主厨经营者应创造一个能够充分激发员工热情好客的环境，这一点至关重要。

想要实现这个目标，就必须"重视每一位员工"。不听之任之、用心指导、提供去其他餐厅考察等学习的机会、认真倾听他们工作与生活上的烦恼，等等。只有这样，才能培养出重视顾客的员工。

同时，店内的人际关系也很重要，这直接关系到服务的品质。如果厨房和用餐区的服务人员出现矛盾，就可能无法及时上菜。如果连上菜这种基本的服务都无法满足顾客，那么事后再怎么礼貌应对也是于事无补的。

所谓服务，其实就是一场"团战"，只有充分发挥出每个员工的力量并将其组合起来，才能为顾客提供优质的服务。而其中的决定性因素，便是重视每一位员工。

服务要基于四个关键要素

服务的方式会随着时代的发展而变化。不同的餐厅理念和烹饪风格，需要借助不同的服务方式来表达个性。在提供服务时，一定要考虑以下四个要素。

①从纵向到横向

过去，顾客和餐厅处于一种纵向的关系，也就是"主从关系"。但如今，这种纵向关系已经慢慢转变为横向关系了。虽然并非完全对等，但餐厅在提供服务的时候，一定要从顾客的视角出发，为他们提供一个愉悦的用餐环境。

②从"不能做"到"要这么做"

在顾客和餐厅属于"主从关系"的年代，所有的服务都必须严格按照规定执行。为了不犯错误、不影响客人用餐时的心情，餐厅一般会罗列出许多"不能做"的规则来限制员工的行为。但现在则不然。为了能让顾客的心情更加愉悦，餐厅一般都会鼓励服务人员积极地"要这么做"。

③动态而非静态

过去的服务理念一般是等顾客提出需求后，服务人员才会为了满足这一需求而采取行动，这可以称为"静态的服务"。但是，这样的餐厅一般都死气沉沉、缺乏活力。只有抓住顾客的心，积极了解顾客的需求，主动行动起来提供服务，才能让餐厅散发出独特的魅力。

④用心而非形式主义

一直以来，餐厅规定了许多提升服务质量的形式，例如鞠躬要弯腰 30 度、要从顾客的右侧上菜等。但实际上，这些不会对顾客的满意度产生影响。禁止傲慢的态度和不礼貌的行为当然是无可厚非的，但更重要的是，一定要用心对待顾客。

我体验过的优质服务

我曾经在京都站内一家名为"和久傳"的日本料理店里用过餐。那天，我独自坐在料理台边吃饭时，厨师为我端上了一道萝卜料理。无论是食材还是调味都无可挑剔，让我惊讶得不知该如何形容才好。对面的厨师看到我的神情后，温柔地说道："这萝卜是我今天早上 4 点半在田里摘的，能让顾客吃得满意，作为厨师，我感到非常高兴。"

这位厨师便是绪方俊郎先生，在本书的第 162—168 页

记录了我采访他的相关内容。他从我的神情中准确读出了我的内心,并在适当的时机道出了心声。就是这么一句简单的话,为我这顿饭添了许多乐趣。

这种热情好客、顾客至上、追求与顾客间心灵互动的态度,正是未来餐厅所需要的。为此,我们需要基于上述四个关键要素,重新建立起顾客与餐厅之间的关系。

只有做好本质，才能提供良好的服务

未来的服务没有统一的基准，应以展现餐厅特色为首要目的。然而，并非只要细致周到、操作熟练就能称得上是优质的服务。与烹饪一样，服务也有其本质。

包括我曾经工作过的美国餐厅也是如此。虽然与日本相比，美国餐厅的服务会给人带来一种很随意的感觉，但无论是学校课程还是职场培训，服务的本质都是第一堂课，而其中最重要的一点，就是"让顾客觉得舒适"。

员工的所有行为都应该考虑到这一点。例如，不可以在顾客面前"用食指指来指去""挥动拳头""把手交叉放在背后"等，因为这些手部动作都会让顾客感到不悦，甚至还会被认为是一种威胁。即使是为了向顾客介绍菜单上的食物也不能用食指指，而应该手掌向上进行引导。千万不要忽略这些小细节，做好细节，能大大提高顾客的用餐满意度。

措辞方面也是如此，要关注顾客的舒适性。我曾工作过的美国马克·托马斯餐厅，就充分做到了这一点。

例如，当预约顾客到店时，一般的餐厅可能会问"Do you have your reservation（您有预约吗）?"，而托马斯餐厅会问"Are you holding your reservation（我们是否接受过您的预订呢）?"。这种说法完全展现出了"顾客才是餐厅主角"的态度。

是否建立了待客标准

餐厅服务主要包括六项工作：

①清洁（打扫）

②待机（准备）

③设置

④会议（晨会）

⑤服务（接待）

⑥餐后整理

接待只是服务中的一个组成部分，只有这六项工作齐头并进，才能确保顾客享受到优质的服务。想要做好服务，就必须时刻谨记服务的本质。

例如，晨会是每天开店前必不可少的工作。主厨经营者务必在晨会中对以下几点内容做好充分确认：

①检查衣物

②检查携带的物品

③确认当天的菜单内容

④确认当天的预订状态

⑤业务交流（前一天的反思问题等）

这些内容大约要花费 15 分钟进行确认，但可以确保我们能够游刃有余地接待顾客，同时也是对服务体制是否健全的自查。

做好本质犹如筑牢基础，服务的魅力需要坚固的基础予以支撑。

"对人的兴趣"是一个重要需求

未来的餐厅服务不是由餐厅单方面提供给顾客的,而是一种双向沟通。我是在一家日本餐厅中意识到这一点的。

那是一家只有 5 个料理台座位的小餐厅,料理台的入口附近放着一个用于点茶①的炉子。炉子周围铺着榻榻米,看起来就像是一间茶室。餐厅的主人会在顾客用餐完毕后为他们点茶。无论是餐厅的环境还是点茶服务,都体现出了店主人的真诚。饭后与店主人的闲

---

① 点茶:起源于中国宋代的一种沏茶方法。(译者注)

聊，也会提升顾客的满意度。

"一个机缘巧合的机会，我接触到了茶的世界，并被茶道的奥秘深深吸引。当时我就想，如果以后有机会开一家日本餐厅，我一定要亲自为顾客点茶。所以在装修这家餐厅的时候，就做了这样的设计……"店主人缓缓诉说着自己的往事，我想，他一定是一个有故事的人。

吃完饭离开餐厅的那一刻，我产生了一个很强烈的念头：我会再来这家店的，因为这个店主很有意思。他说的并不都是一些鸡毛蒜皮的生活琐事，我从他的话中领悟到了一个厨师应有的品德，所以我很希望还能有机会与他聊聊。

通过磨炼自己提高"对话能力"

未来的餐厅不仅需要提供美味的食物和优质的服务，还要努力满足顾客的好奇心。

来餐厅用餐的顾客一般都很好奇：这家餐厅会提供什么样的美食呢？厨师长什么样子呢？与厨师面对面地交流、

聊天，享受厨师的服务，是顾客了解信息的主要方式。

顾客所好奇的，一般都是"什么形象的、具有什么经验的厨师是基于什么想法才会创造出这样的菜品的"。了解了这些后，他们才能更好地感受料理、服务和餐厅风格中的独特魅力，这也是用餐的乐趣所在。我在上文的日本餐厅中感受到的也正是这一点。

所以，未来的厨师需要磨炼的，除了烹饪技能外，还有自身的修养。正如前文所说，作为新时代的厨师，我们应积极扩大自己的兴趣范围，积极学习新知识。有了广泛的学识后，就能建立起许多新的人际关系，"对话能力"和服务品质自然也会随之提升。

客单价因服务的好坏而异

客单价对餐厅而言是一个重要数字,也是重要的管理指标。在某些情况下,这个数字甚至比销售额或利润更重要。

餐厅的座位有限,每天来餐厅的顾客数量自然也是有限的。因此,想要提高销售额,唯一的办法就是提高客单价。当然,客单价不应该被强行提高。随意提高菜单价格,可能会让餐厅失去客源,所以客单价必须"自然地"上升。

自然提升客单价,意味着无论是顾客还是餐厅都不会感到为难。其中,起决定性作用的是服务质量。

满意度越高,客单价就越高

提高客单价的要点在于让顾客接受餐厅的推荐。想要做到这一点，就必须"对顾客上心"。

例如，在给顾客推荐当天的特色菜时，是否真的做到最好了？想要做好推荐工作，就要让包括厨师、后厨工作人员以及用餐区服务人员在内的所有人都集思广益，提出好建议。

如果所有员工都能以顾客为重，就一定能打动顾客。只要让顾客感受到这种诚意，即使推荐的菜品价格略高，顾客也会十分愿意尝试，还可能顺便下单一些奶酪等餐后甜品。如此一来，客单价自然就上升了。

所以，顾客的信任是最重要的。为此，也要确保餐厅问题点的及时共享。

例如，如果当天没有捕捞到新鲜的鱼类产品，那么面对喜欢吃鱼的常客，就可以这么说："今天不推荐您点鱼，不如尝尝这道菜?"不必遮遮掩掩,真诚的对话才有利于信任的形成。

也有人认为客单价和顾客数量是相互矛盾的两个因素,想要增加顾客数量就必须降低客单价,而客单价上升后,顾客数量肯定会减少,但事实并非如此。

客单价的合理上升其实是顾客满意度提升的表现,所以客单价并不会对顾客数量产生消极作用。由此可见,想要实现顾客和餐厅的双赢,就一定要努力提升服务质量。

餐厅的细节会左右顾客满意度

餐厅理念决定了服务的品质。理念决定了"餐厅的定位",也就是面对哪些顾客,提供何种类型的菜单结构、价格、服务方式等餐厅的所有构成要素。

一家没有清晰理念的餐厅是无法得到顾客支持的。此外,如果上述各要素与理念有所矛盾,也同样会让顾客觉得"很不协调""很不舒服"。

未来的餐厅不仅要追求菜品的质量和价格,还要提高整体的用餐满意度。为此,先要明确餐厅的理念,并在此基础上确定菜单、服务和店铺设计风格,也就是营造出一种"整体感"。为此,餐厅内的每个"细节"都不能放过。

细节更能反映出餐厅对待顾客的态度

有一句话叫"上帝存在于细节中",意思是:我们不仅需要关注整体,而且必须关注细节。这句话也完全适用于餐厅经营。很多顾客喜欢关注餐厅的细节之处,所以这些部分不仅决定了整个餐厅的形象,也决定了顾客满意度。

例如,小册子或餐厅卡不仅是传达信息的重要工具,也是塑造餐厅形象的重要工具。如果决定用一个颜色来布置整个餐厅,那么这个颜色就可以称为"餐厅的颜色"。再将这个颜色用于小道具和内部装饰后,就能让整个餐厅呈现出统一感。

菜单也是一个十分关键的细节。如果一家看起来很有档次的餐厅中摆放着用廉价纸印制的菜单,或者使用过于随意的表达或文字,就

会让顾客产生一种奇怪的、不协调的感觉。如果菜单被弄脏或出现破损，餐厅的满意度也会大打折扣。

还有一个重要细节在于卫生间。可以毫不夸张地说，卫生间对顾客而言，是能够接触到的餐厅设施中最重要的地方。因为卫生间是餐厅里唯一一个能够让顾客独处的空间，所以即使待在里面的时间很短，也会在顾客心中留下十分深刻的印象。

赤坂一家日本餐厅的卫生间曾给我留下了深刻的印象。那家餐厅里包括洗手间在内的所有设备都是铜质的，锃亮得能当镜子来用。包括用餐席位在内，整个餐厅内的卫生状况都是无可挑剔的。当然，服务也十分周到。

不难想象，铜制品一旦打理不善，很快就会失去光泽。从干净得发亮的卫生间中，我一下子就感受到了餐厅对待顾客的真诚态度。

统一服务细节也很重要

包括各种细节在内的餐厅统一感，可以清晰地向顾客传达餐厅的理念，这一点非常重要。

我们常将理念和印象混为一谈。所谓理念，就是餐厅认为自己是"这样的餐厅"，但这并不能直观地传达给顾客。所以，除了有一个清晰的理念，明白自己想成为什么样的餐厅，还必须让这种理念渗透到餐厅内的每个元素当中。只有这样，顾客才会明白餐厅的想法，这就是所谓的"潜移默化"。

这一点在服务中尤为明显。周到的服务和随意的服务——餐厅的理念决定了其服务方式，不过一定要注意所有服务元素的一致性。这需要保证所有员工都具备同样的理念。

其重点在于细节。

有些餐厅规定了员工必须穿着统一制服，但即便如此，也会给人一种各自为政的感觉。相反，有些餐厅对员工的服装并无要求，但就是能给人一种整齐划一的感觉。它们之间的区别，就在于是否注重细节。

这里所说的细节，指的是工作人员的站姿、面部表情、发型以及妆容等。其关键，在于所有员工的风格看起来要一致。如果大多数女服务员都画着淡妆，只有一个人浓妆艳抹，顾客就会感到不太舒服。

是否每个人都掌握了成年人的表达方式

语言的重要性自是无须赘言。无论是商务餐厅还是休闲餐厅，都必须对接待顾客的服务用语作出严格的规定。但令人惊讶的是，即使是那些看起来很有档次的餐厅，也并非都能做到这一点。简而言之，他们还没有掌握成年人的表达方式。

例如，"（菜单）我一会儿拿过来？""味道还好吗？"都是错误的说法，对顾客不能说"一会儿"，而要说"稍后"。

同理，不能说"还好吗"，而应该说"您觉得满意吗"。

还有其他类似的语言错误，例如：

×前头　　√刚才

×现在　　√马上

×错误　　√不慎

×今日　　√本日

只有当所有员工都能自然且正确地使用敬语，才能形成统一的服务意识，才能将餐厅的理念清晰地传达给顾客。

让所有人都清晰理解目标服务

所谓理念，其实就是指"餐厅的目标"，它会通过餐厅内的各种元素体现出来。其中，服务是最重要的元素。

一定要注意服务和其他元素之间的协调感，只有这样，才能让餐厅看起来风格统一。尤其要注意保持烹饪风格、服务方式、价格、餐厅运营和服务之间的协调，这一点非常重要。

明明装潢很精致，看起来非常有档次，但由于服务员没有用对敬语，反而拉低了顾客的印象分。这里的问题就出在硬件（设施）和软件（服务）之间的不平衡上。

我们常常会看到一种现象：尽管某些餐厅内有许多高价的名牌葡萄酒可供选择，但服务人员却无法准确地向顾客推荐符合他们需求的口味和价格的葡萄酒，自然也就无法让顾客满意而归。

出现这种问题，原因在于开业之前，店主并未准确地向员工传达"餐厅希望为顾客提供什么菜品、主推哪些葡萄酒，所以应该采取怎样的服务"等要求。许多餐厅的店主虽然会在开业前针对陈设等内部设计与设计师进行多次沟通，但只会在开业的前一刻才召集众人进行服务方面的培训。

在新店开业时，许多餐厅会选择招聘有工作经验的服务人员，但一定要注意一点：并不是所有知名餐厅的经验都适用于自己的餐厅。

在基本的服务之上打造自己的餐厅风格

确定服务风格的首要任务在于确定基本风格，再在此基础上考虑如何打造属于自己餐厅的独特风格。

餐厅服务的基本风格大致可以分为四种。其中最具代表性的，就是在厨房里就做好分餐工作的"美式服务（盘式服务）"。

此外，还有在餐桌旁将大盘子中的菜品一一分到顾客餐盘中的"俄式服务（国际式服务）"，采用手推车或旁桌现场为顾客加热和调味菜品的"法式服务（车式服务）"，以及由服务员从厨房将烹制好的菜品放到餐桌上，接着由主人亲自动手切割主料并分盘的"英式服务（家庭式服务）"。

在考虑服务方式时，推荐以美式服务为基础，再根据食材或布局等具体情况，结合使用俄式服务与法式服务的方式。此外，还要制定严格的服务语言规范，例如如何与顾客交谈、应使用哪些服务语言等。通过这些努力，可以保证服务与其他元素间的协调统一。

制定规范以提高服务质量

为了向顾客提供与餐厅理念相符的服务，保证服务的整体感，首先要做的就是严格遵守基本风格，再在此基础上要求所有员工都必须遵守餐厅规范。只有这样，才能真正为顾客提供符合餐厅理念的服务。

说到规范，大家的脑海中可能会立即浮现出"操作手册"这个词。通常，大家都会认为"操作手册＝整齐划一"，而且并不觉得这是一个可取的方法。我们暂且不论是否要制定"操作手册"，反正制定餐厅规范是必不可少的。

餐厅服务大致包括三个部分：①引导；②用餐过程中的服务；③送客。厨师经营者应让员工充分了解在提供餐厅服务时必须遵守的规范和必须注意的要点。

自上而下的要求大都事倍功半

例如在①中，服务人员应准确称呼顾客的姓名，并引导他们走到餐桌旁。此外，服务人员还应从顾客的衣服和谈话中推测出他们来此用餐的主要目的（私人用餐、应酬，或是纪念日等）。只有这样，才能提供最贴心的服务。

在②中，必须准确把握顾客的用餐情况。不过在此之前，还有一件非常重要的事情：确定从顾客入座到上最后一道菜品的标准时间，以及上每一道菜的时间。

当然，这需要根据顾客的用餐节奏来进行调整，但如果所有人都对标准时间和上菜时间有同样的理解,那么在"(比标准时间)稍微快一点儿""这里稍微慢一点儿"方面的细微调节自然会更顺畅一些。

在③中,应在顾客离开时询问其是否觉得满意,并表示衷心的感谢和对他们下次光临的期待,这一点非常重要。为此,应规定由主厨亲自送客,或由店长(主管)将顾客送出餐厅。为此应规定,在主厨或主管送顾客离开时,其他员工应立即临时顶替他们的工作,以防人手不足。

但是,像这种自上而下的强制执行的做法一定会让效果大打折扣。我在前文中说过,在开店前,一定要和所有员工一起讨论餐厅的服务风格,并在讨论中确定服务规范。只有这样,才能让所有员工都明白"为什么必须这么做",并认可这一规范。也只有这样,才能提供出具有统一感且让顾客感到满意的服务。

打破存在于餐厅内部的"壁垒"

为了做好服务,应让所有员工都充分理解餐厅的规范,从而打造一种"餐厅的整体感"。为了让顾客在店内用餐愉快,所有的工作人员都应通力合作,彼此协助。

然而,许多餐厅内部都存在着一座将负责烹饪的厨房和负责服务的用餐区隔开来的无形的"壁垒"。尤其是在主厨经营的餐厅里,厨房的地位总是不容撼动的,用餐区的服务也要妥协于厨房的要求,二者之间如同被一堵看不见的墙所隔开了。

如果觉得"让顾客满意是我们这些厨师的工作,服务员只要负责把菜品端上桌就可以了",那么这家餐厅将永远做不到上下一心。如果服务人员需要看厨房的脸色行事,那么整个餐厅就会出现一种不友好的氛围,自然也会影响顾客的用餐心情。

有一个词叫作"领导力",指的是统领员工的能力,这是主厨的一项必备能力,但并不意味着需要采用高压政策。真正的领导力体现在掌握全局,向员工下达准确的指示,并引导全体员工共同达成目标。

日本的主厨更像是一个玩家(烹饪师)。也许每一位主厨都以拥有高超的烹饪技术为毕生追求的目标,但如果一直以"玩家"的心态来经营餐厅,那可就危险了。因为顾客的满意可不仅限于"盘中的美餐"。

厨房应学会尊重服务人员

主厨在自己的餐厅内部扮演着制作人和总监的角色。换言之,主厨不仅要对每位顾客从进入餐厅到离开的这一过程中的所有工作了如指掌,还要合理分配每位员工的工作,

以提升顾客满意度。

尤其是，服务员身处直接与顾客打交道的第一线，可以说是"顾客的代言人"，所以厨房永远不能忽视他们的意见。不仅如此，主厨还应主动询问服务人员用餐区的情况，例如："上菜时，顾客看到菜品后的反应如何？""顾客在品尝时的表情如何？""顾客对料理有什么样的评价？"等等。

所以，主厨必须尊重用餐区的服务人员，与之建立起友好的关系，以便从他们那里获得顾客的反馈。

事实上，这才是餐厅"建立组织"的第一步。组织并非大公司的专利，当许多人聚在一起为了共同的目标而努力奋斗时，组织就是必不可少的存在了。建立组织，从打破餐厅中的壁垒开始。

餐厅的应急处理能力也很关键

餐厅是一个公共场所，每天都会迎来送往许多顾客，也就难免会出现各种意外事件。如果这些情况波及顾客，就很有可能发展成纠纷，甚至导致顾客投诉。

然而，在大部分情况下，意外事件的发动者其实都是顾客。虽然他们的行为倒也不至于被称为"怪兽顾客"，但总有一些人，无论态度还是语言都十分傲慢，总是任意妄为。如果餐厅中出现这种类型的顾客，氛围就会降至冰点，自然也会影响到其他顾客的满意度。

作为餐厅的工作人员，我们必须避免这种情况的发生。为此，应事先做好预案，保证能在问题出现前将其扼杀在摇篮里，而非任其发展。

例如，一个孩子吃饱后开始大吵大闹势必会影响到其他顾客。此时，餐厅应以妥当的态度和语言进行提醒，并确保不会冒犯到他。一旦位于中间的餐桌出现这种情况，那么整个餐厅的气氛都会变得非常糟糕。因此，可以安排带孩子的顾客入座不太显眼的餐位或者包间内用餐。餐厅务必提前考虑到这种情况，并在问题发生时尽快将影响降到最低。

坚定的态度有助于提高顾客满意度

预约的顾客无法来店，或者突然取消预约，都是餐厅时常会遇到的问题，一定要想办法防患于未然。具体来说，可以提前一天打电话联系顾客，确认他们的预订内容。

最近，部分餐厅已经制定出了"取消预约政策"，并会事先提醒顾客取消预约也需要支付一定的餐费。由于餐厅已经

为此做好了完善的准备，所以收取费用自然也是无可厚非的。重要的是，餐厅应表现出坚定的态度。

接受预约时，不仅是姓氏，询问顾客全名的餐厅也增加了。对于顾客来说，出于人性，取消知道自己全名和联系方式的餐厅是很难的，因此对餐厅而言，这是一种有效的心理策略。

做生意当然要爱护顾客，但这绝不意味着餐厅一定要包容顾客所有的任性行为。明确为顾客提供什么样的用餐场所并为之全力以赴才是餐厅的责任。纠纷对策，正是餐厅这一姿态的体现。

投诉反而是留住顾客的好时机

因店内服务不够周到而给顾客造成麻烦，或让顾客感到不满的时候，餐厅就会收到顾客的投诉。如何正确处理顾客的投诉，是餐厅经营的一大关键。

要注意，投诉很容易被工作人员掩盖，因为他们难免会担心："这要是被经理知道了，我肯定得挨骂，就先隐瞒不报吧。"于是乎，投诉就像被掩藏起来的腥臭之物，长此以往，整个组织都会慢慢腐化，逐步土崩瓦解，最终不再受顾客青睐。

服务人员不小心把饮料洒在顾客的衣服上等情况属于"现象层面的问题"，一旦

出现就会被所有的人看到，所以没有隐瞒的机会。只要当即得到妥善解决，就不会产生不良后果，但要注意对顾客心理造成的"精神层面的问题"。

即使顾客投诉服务不周、语言失礼，有时餐厅也只会让服务人员道歉。如果不加以重视，餐厅不仅会失去这位顾客，这些差评还有可能在网络上发酵。

向连锁店学习信息共享和措施落实

因为精神层面的问题而选择投诉的顾客其实并不多，所以我们更应该正视他们的诉求，做到有则改之，无则加勉。

在某家连锁餐厅，一旦出现顾客投诉，店长不仅会当场道歉，还会在事后以书面形式报告给总部。报告内容主要包括"当时采取的措施"以及"今后应如何避免发生同类问题"。这份报告会被递交到统括部长的手中，由部长对员工培训等的改进措施做出批注后交给分管领导，最终由社长进行审核。

这家连锁店共有100多家门店，但一旦出现顾客投诉，报告书就会在三天之内呈交到社长的办公桌上。此外，投诉后的一周内，顾客也一定会收到一封以社长名义发给自己的道歉信，内容主要包括"公司是如何处理投诉内容的"以及"今后会如何改进"，等等。

自己的一句话，竟然会被如此认真地对待！这份出乎意料的惊讶一定会让顾客更加信任这家餐厅，也一定会选择再次光顾。

私人餐厅也是如此。关于投诉的现象、内容，以及今后应该采取哪些措施来防范等，都应在营业开始前及结束后的会议中与所有人员一起进行讨论。

当投诉的顾客再次光临时，餐厅首先要再次诚恳地道歉："非常抱歉，上一次由于我们服务不周，给您造成了困扰。"这样的道歉可以为顾客带去安心感和信任感。可见，只要能妥善处理顾客投诉问题，就能更好地留住顾客。

"美味"是基于服务实现的

本章开头提到过的 QSC 中，Q（品质）和 S（服务）是紧密联系在一起的，也就是餐厅经营中的"品质管理"问题。

说到品质管理，大家会想到什么呢？应该会首先想到"对食材的严格管理"和"严格遵守烹饪规定"吧。当然，这些都是品质管理中不可缺少的要素。

但是，这些还远远不够。上面提到的 Q 和 S 充其量只是后厨的管理内容罢了，对于整个餐厅来说，想要做好品质管理，还要注意到其他许多方面。首先，我们一起来看看品质究竟包括哪些内容。

美味指的不仅是"菜品的味道"

餐厅的品质指的自然是"美味",但是品质好坏的评判者应该是顾客。哪怕厨房做出的菜品美味无比,但只要无法及时端上餐桌,不能让顾客享受到最佳的滋味,那就谈不上是良好的品质管理。

可见,厨房和用餐区的服务都很重要。烹饪好的菜品如果无法被及时送上餐桌,只要被放置超过一分钟,菜品的滋味都会大打折扣。

所谓美味,除了菜品的味道外,按时上菜也是一个决定性的因素。多人用餐的情况下,能否保证所有人都能同时享用到同一道菜品,也会对美味与否产生很大的影响。除此之外,菜品间隔时间也很重要,如果前菜和汤品上得很及时,但主菜却迟迟未到,也一样会前功尽弃。

为了保证同一桌的顾客能在同一时间吃到同一道菜,"same time service"成了餐厅服务的铁则,如果不遵守,就会影响菜品的美味程度。尤其要注意那些为了庆祝某个节

日或出于宴请目的来店就餐的顾客，如果先给主人上菜，却让受邀的人一直等待，那么无论菜品本身多么美味，这顿饭都会变得"索然无味"。

要让所有人都理解"时间标准"

为了避免这样的情况发生，必须保证厨房和用餐区的完美配合，这一点我在前文中也有提及。用餐区的服务人员应及时向后厨传达顾客的用餐进度。但是这里还有一个前提，那就是用餐区的服务人员要对"菜品的标准烹饪时间"了如指掌。

服务人员必须对每道菜从开始烹饪到装盘完成的标准

时间了然于心。如此一来，才能一边注意顾客的用餐进度，一边在适当的时间提醒厨房准备下一道菜。

所有员工都要了解顾客的标准用餐时间，并且事先确定每道菜的上菜时间。例如，如果从顾客入座到上甜点之间一共是两个小时，那么汤品与前菜之间应该相隔××分钟、主菜应在汤品端出的××分钟后提供，等等。

当然，每位顾客的用餐速度都有所不同，所以标准上菜时间也并非适用于所有情况，应根据实际状况来决定是否需要提前或延迟上菜时间。但做好这一切的前提，都是让所有员工理解"时间标准"。

这也是提供周到服务的必备前提。餐厅的品质（美味）是基于优质服务来实现的。

访 谈 厨师与经营④

力石宽夫 ×

绪方餐厅主厨

绪方俊郎

曾任"京都 和久傅"餐厅主厨,于2008年开始创立属于自己的"绪方"餐厅。因其精湛的烹饪技术、能最大限度地发挥时令食材特色的实力,以及热情好客的服务,绪方成了京都备受好评的日式餐厅之一。

力石:我至今都还记得20年前与时任"和久傅"主厨的您见面时的场景。当时,您就站在料理台边上和我聊天,那顿饭可真是吃得有滋有味,也让我感受到了什么叫作"专业"。我想问的是,您觉得什么样的厨师才有资格被称为"专业的厨师"呢？

绪方：在我学习烹饪的那个年代，日本还是一个典型的纵向社会。那时候我就觉得，必须开创一种全新的形式了。厨师的工作不仅是保证菜品的美味，还应该包括提供能让顾客觉得满意的综合服务。我一直觉得，只有做到这两点，才有资格被称为"专业的厨师"。为了实现这一目标，首先要做的就是扎稳根基。换言之，就是日复一日，不厌其烦地重复同样的工作。

力石：也就是不能自以为是，要耐心做好每一项工作，对吗？

绪方：是的。过去我们常说，厨房的工作主要分为两个部分，一个是打扫，另一个还是打扫。从这一点就能看出日积月累的重要性了。只要持之以恒，就有无限的可能性。不得不说，日本人特有的"适度"和"谦逊"十分符合这项工作的要求。我们生活在一个飞速变化的时代，自然也就必须要求自己适应这种变化。但有一点是不容忽视的：如果一味追求变化，就会失去对工作的感恩之心。只要努力工作，就一定会收获新的感动，我认为这一点太重要了。

相互认同才能彼此成就

力石：对于厨师而言，提高自身能力不仅限于厨艺方面，还包括经营方面的学识和能力。就这一方面来说，日本落后于欧美国家。那么绪方先生，您认为日本厨师在经营中最重要的行动是什么呢？

绪方：这就涉及很多方面了。不过我认为，最重要的还是"打好基础"。过去，我们一直认为热情好客和烹饪美食分属两个领域，其实并非如此。两者看似不同，实则有着千丝万缕的联系。无论是服务还是菜品，我认为最重要的就是一定要让顾客感受到餐厅的诚意。只有这样，才能让他们打心底里感到满意。

力石：进入您的餐厅后，我最大的感受就是整体的"统一感"。日本料理界一直都推崇"料理第一，服务第二"的理念，但是您的餐厅却给了我一种"所有人都自动自觉地以顾客为先"的感受。

绪方：您能这么说，我真是太开心了。服务一直是由我太太负责的,她是一个很有能力的人。不过我们依然会经常交换意见、认真地讨论问题并一起思考处理方法,绝不会只专注于自己的工作,做甩手掌柜。理解、认同对方并互相支持和帮助,对于提高顾客的用餐满意度而言是非常重要的。而且,也应该让所有员工都理解并做到这一点。

力石:这与服务风格有着很大的联系。我觉得未来的服务已经不再是"for(为顾客服务)"了,而应该是"with(真正读懂顾客的想法)"。我们应该从"为顾客服务"的思维中走出来,真正读懂顾客的想法,这样才能提高他们的满意度。而且,这一点要贯穿餐厅经营的各个方面。我在您的餐厅中感受到的统一感,想必也正是基于这个理念吧。

绪方:非常感谢您的认同,但我认为自己还有很大的改进空间。不过,这其实也得益于服务人员的见地。一些年轻人告诉我,他们想建立一个新的顾客管理系统,为每一位顾客建立一个数据菜单,以便实时查询顾客的饮食偏好和过敏情况。正当我们开始尝试时,新冠肺炎疫情暴发了。但是他们愿意为了改进餐厅服务而主动提出建议,这一点已经让我感到很欣慰了。

"餐厅特色"是发展的源泉

力石：这也是因为您爱惜人才啊！我觉得年轻人就应该积极钻研。那么，您在培养他们的经营能力方面，都采取了哪些措施呢？

绪方：关于这个问题，其实我正在思考一些新的方法。例如，招聘的时候就与他们签订了"10年毕业"的劳动合同。在保证工作条件和工资水平的基础上，我们采用的是能力工资制度，希望用10年的时间培养他们自力更生的能力。我计划在京都开下一家分店，等走上正轨后，再把管理权交到优秀员工的手中。为此，我在协议中加入了"允许更改餐厅名称和经营主体"的条款。我认为有了这些具体的目标后，员工会更加努力工作，这为我拓展新业务提供了更大的可能性。

力石：这是一个非常棒的想法。这样就能培养年轻人的独立工作意识，让他们明白想要独当一面，还需要学习很多知识。

绪方：如您所说，我觉得人就应该活到老，学到老。无论是学习还是自己独立经营一家餐厅，"远见"都是不可缺少的素质。拥有自己的餐厅后，我认识了很多人，也通过各种书籍增长了自己的见识。每次看书的时候，我都会惊叹："还能这么解释啊！""这个想法也能体现在烹饪中。"毫无疑问，这是推动我前行的巨大动力。

力石：新冠肺炎疫情让人们的生活发生了翻天覆地的变化。那么，您将来会关注哪些方面的事情呢？

绪方：确实，谁也没有料到会变成如今这个样子。这不是任何人的错，只是我们必须承认还没有为此做好充分的准备。与此同时，我认为我们都应该振作起来，明确自己的责任。对我来说，唯一能做的就是用手里的这口锅贡献一份力量。当然，在这个领域，我觉得自己还有很多能做的事。我由衷地钦佩身处第一线的医务工作者们，不过从为人类生命服务的这个层面上来说，我认为医生和厨师是有着许多共通之处的。

力石：的确如此，厨师也为人们的身心健康付出了很多！也正因如此，厨师更应该时刻提醒自己必须努力进步。

绪方：为此，厨师一定要拥有稳健的根基。新冠肺炎疫情发生后，我每天都会在京都的街头慢跑，看看路上停着的那些车。虽然每辆车的款式和设计都不一样，但最大的不同在于每辆车的"发动机差异"。发动机才是判断"这是丰田""这是奔驰"的重要标志。我觉得厨师也一样，无论是菜品还是服务，都要打造出"餐厅的特色"。

京都市下京区四条通新町西入新釜座町726
TEL：075-344-8000
※餐厅信息为2022年11月31日提供

绪方餐厅

由原先的和服店改造而成，设有料理台席位和单间（各8个坐席）。餐厅提供3万日元（不含税和服务费）套餐，内含10道菜品，使用时精心烹调食材，意在充分激发食材本身的美味。无论是装潢还是器皿都十分精美，每一个细节都体现出了日本料理之美。

第五章

培育人才是厨师的责任与义务

培育人才的起点在于建立组织

从人才管理的角度来看，所谓"经营"，其实是为了达成经营目的而调动并凝聚所有相关人员的智慧。具体做法通常为：通过教育培训提高团队人员的工作能力，以及通过评价激励机制提高其工作积极性。

这才是人才培养。厨师是极具匠人精神的职业，随着其社会性作用的不断提高，培育下一代人才也变得尤为重要。

培育人才的关键在于建立应有的"组织"并充分发挥其机能。这里的"组织"并不单单指人们常规印象中的领导向下属下达指示命令的模式或管理机制。

所谓"建立组织"，是指聚集起能够为了共同的经营目标努力工作的人，让他们团结一致、齐心协力。这一点无论是在拥有数千名员工的大企业，还是主厨自营的小店都同样适用。也就是说,建立组织本身便是经营的体现。

只指导工作意味着只把员工当作工具

面对毫无烹饪和待客经验的学徒,自然是要从零开始指导具体的工作内容的。但同时,也必须让对方理解主厨的想法。不仅要教授工作方法,更要告诉他工作背后的思考方式和内在逻辑。

以准备蔬菜为例。在指导新人蔬菜的切法等具体工作前,必须提前告诉他为什么要使用这种蔬菜作为食材、如何建立采购渠道、种植者是出于什么目的种植这种蔬菜的,等等。然后再布置具有启发性的作业,让新人通过阅读食材方面的书籍掌握蔬菜的相关知识。

如果不进行这样的教育，而是直接进入工作指导，无异于将员工视作工具。这不仅无法培养出具备自主工作能力的员工，也无法让所有员工心往一处使。这种职场环境很容易令人沮丧，体会不到自己的工作价值，从而导致人才流失。

在服务行业中，工作人员的心情会对顾客满意度产生很大的影响。从烹饪到服务，所有的环节都与人密切相关的餐厅经营更是如此。

建立起愿意为实现餐厅的共同目标而努力做好菜品的团队，这便是餐厅要落实的组织建设工作。仅仅为了遵从"上司、前辈的命令"或"规则"而工作的团队，是绝对无法让顾客满意的。

招聘的质量决定了餐厅的未来

想要建立起一个能够培养人才的组织,就一定要重视其源头——人才招聘。主厨经营者一定要有"招聘工作决定着餐厅未来"的意识,认真对待招聘工作。然而,面对如此重要的工作,多数餐厅却只关注招聘的人数。

例如,面试本应通过与求职者交流确定其"是否拥有共同的价值观",但大多数的餐厅却只在面试中向求职者抛出只需要回答"是"

或"不是"的问题，如"加入我们的团队后需要做这些工作，你能接受吗?""这样的工作条件，你能接受吗?"

面试时真正需要做的是确认求职者的价值观，尤其是求职者对 QSC 的态度与看法。关于 QSC，前文已经提到过了，即 Q（品质）、S（服务）、C（卫生），这同时也是餐厅经营最重要的指标。

面试时要花时间引导求职者思考

例如，可以在 Q 方面提出如下问题：

"你为什么选择厨师这个职业?"

"你如何看待厨师的使命和社会作用?"

通过求职者对这些问题的回答，可以了解其与自己是否具有共同的想法和目标。

S 方面的提问也当如此。例如："你是如何看待餐厅的顾客?"只是单纯想赚钱的求职者与想通过工作积累经验、创造美好回忆的求职者的回答是不同的。

每个人对卫生（干净程度）的想法和判断标准不同，

因此应深入了解求职者对卫生的看法。必须考察其是否具备食物中毒的相关常识（造成食物中毒的细菌、食物中毒发生的条件等），以及是否能够胜任卫生管理工作。

与求职者谈到"我们餐厅的卫生管理规定和采取的措施"等话题时，卫生意识高的求职者会积极地向面试官提问，价值观不同的求职者则会呈现出"害怕麻烦"的表情或者只是机械性地回答。

确实，这种正规的面试流程很耗费时间。但如果不在面试上多花时间，草率地录用求职者，那么最终不仅留不住人才，还会对餐厅的经营发展产生负面影响。

掌握"团队协作能力"

面试时,不仅要注意提问的内容,还要注意提问的递进方式。

在私人餐厅中,一般都是由主厨经营者单独面试求职者,15分钟左右就可以决定是否予以录用,但也要注意不能因为吝啬时间或者害怕麻烦就草草决定,而应基于"多个视角"进行审视。面试官的数量大多取决于餐厅规模和店员人数,不过在条件允许的情况下,还是应该尽量让更多不同职位的人来参与面试。例如,可以让厨房的二把手或者服务主管负责第一轮面试,筛选面试人员后,再由主厨经营者进行二次面试。这是为了能从更多角度观察求职者,从而更加客观地判断其是否能与其他店员和睦相处,是否具备较强的团队沟通能力。

接下来,我想举一个世界连锁酒店丽思卡尔顿的经营模式案例。虽然它的规模远大于私人餐厅，但其做法还是很值得我们参考的。

最终要基于"现场角度"预防错误匹配

丽思卡尔顿酒店在招聘正式员工时，要求每位求职者参加五轮面试。每轮面试的面试官及面试内容如下。

第一轮：由人力资源部进行单独面试。同时，为考察求职者是否理解丽思卡尔顿酒店的经营理念，还在这个阶段设置了笔试。如果笔试的成绩不足70分，那么无论经验多么丰富，也不会被录用。

第二轮：由人事部部长进行单独面试。

第三轮：由总经理（GM）进行单独面试。

第四轮：由求职者的意向部门（客房部、饮料部等）的负责人进行面试。

第五轮：与录用后一起工作的员工进行小组讨论。

一般情况下，面试在第三轮 GM 面试后就结束了，但实际上，第四轮面试之后才是丽思卡尔顿酒店招聘人才的精髓。在做出最终判断前，意向部门的负责人将通过面试人员在小组讨论中的"临场表现"，判断其沟通能力和团队协作能力是否适合自己的团队。

这便是丽思卡尔顿酒店在创业第 10 年开创的人才招聘模式，同时也是离职率大幅下降的秘诀所在。这个做法可以有效避免招聘方和求职方的错误匹配。

餐厅的经营需要凝聚诸多人的智慧和力量，因此所有员工都要具备积极与他人合作的意识。在面试时，更要认真判断求职者是否具备这种团队意识。

面试时,可以告诉求职者在新人入职后会举办欢迎会、定期学习会等要求全员参加的活动,观察其反应和态度——是积极抛出很多问题,还是一脸嫌弃、害怕麻烦的表情。如果要在餐厅工作,显然前者更适合。

能否创造"安心工作的环境"

招聘人才,是餐厅生存的关键。能否招聘到积极的人才,决定了企业经营的成败。所以,千万不能在这方面吝啬时间和精力。

但是,也会出现好不容易费时费力招聘的人才很快就辞职,导致招聘时所付出的成本全都变成泡沫的情况。

大多数的餐厅会为此采取补救措施,例如加大福利保障、涨工资等,但往往效果不佳。因为这些可能不是员工

产生不满情绪的真正原因。

我曾针对人才流失率低的企业做过调查，在询问员工"为什么愿意一直在这家公司工作"时，回答比例按照从高到低依次如下。

①因为工作环境让我感到安心

②因为能得到其他人的信任

③因为大家愿意互相配合

④因为可以提升自我

⑤因为工资与工作量相匹配

虽然调查的企业规模和种类不尽相同，但调查结果却有着惊人的相似度。可见，这些因素都是提高员工满意度（Employee Satisfaction，简称 ES），即人才稳定性的关键。

要具备培养人才的使命感

首先需要明白一点，"成长环境"远比工资待遇更重要。成长环境意味着沟通交流及团队协作，员工能否关心他人、积极与他人交流，都取决于 ES。无论是企业还是私人餐厅，只要对集体工作有所要求，都适用于这一条。

由此可见，培训是十分重要的。如果能让餐厅内上至主厨经营者下至迎宾服务人员都明白，自己身上肩负着将新人培养成专业人才的使命，就会令他们真正为了餐厅的发展而工作。对员工来说，这才是能够安心工作的环境。

欢迎新人加入时，首先要做到因材施教，也就是根据每个人的性格制定培养计划。尽量不要将新人安排在单独的工作岗位上，可以安排其加入小组或与前辈搭档。结束营业后，再与新人针对工作的收获与反思进行沟通交流，并确定下一阶段的培养目标。这样才能让新人真切地感受到自己的成长和进步，ES 也会由此得到提升。

防止新人离职的关键在于"亲如一家人"

很多人认为,留住人才的关键在于加大培养力度,因为只有这样才能提高员工的满意度。但是,新人离职率的不断增长是摆在眼前的问题。

有观点认为,与以往相比,现在的年轻人更缺乏忍耐力,男性的心理更是极其脆弱。但是光讨论这些是没有用的,我们必须从根本上解决这些问题。当今时代,我们更应该考虑的是如何接纳新人,以及如何才能激发员工的工作积极性。

新人能否快速融入职场，很大程度上取决于工作氛围，而这种氛围是包括主厨经营者在内的全体员工工作意识的直接体现。如果主厨只将员工单纯地视为劳动力，员工只将工作视为赚钱的手段，那么这家餐厅的工作氛围肯定不容乐观。而心理承受能力较弱的新人，更是不可能忍受得了这种氛围。

餐饮业是能够直接服务人们身心健康的伟大行业，因此从业者不该只将其视为赚钱或维持生活的手段，而应时刻意识到自己正在为社会做贡献，这是打造优秀餐厅的必要条件之一。也只有具备这种意识的团队，才有机会留住新人。

营造自由交谈的氛围

三重县伊势市的法国餐厅"Bonvivant"曾给我留下了深刻的记忆。主厨河濑毅是一位十分优秀的经营者，为当地做出过许多杰出的贡献。餐厅内的所有人员也都能令人如沐春风，他们的一言一行都传达出了"我希望尊贵的顾客能在这里留下美好的用餐记忆"的诚意。最难能可贵的是，这家餐厅的服务人员基本都是二三十岁的年轻人，能让这些年轻人也具备和主厨同样的经营意识，这太令人佩服了。

那么，他们是如何做到这一点的呢？在与他们交谈的过程中，我体会到了"亲如一家人"的可贵。Bonvivant规定所有员工都要一起吃午餐，这就营造出了一个重要的交流场域。员工们不仅可以在此谈论工作，还能互相分享爱好、倾诉烦恼。这样的餐厅氛围，便是主厨成功的奥秘所在。

我在那家餐厅用餐时，恍惚间有种被邀请来参加家庭聚会的感觉，其实这也是受到了餐厅良好氛围的影响。在这样的工作环境中，新入职的员工必定能迅速成长起来，并体会到这份工作的意义。Bonvivant所有年轻员工积极向上的工作状态，便是对此最好的证明。

认可员工并告诉他梦想的重要性

从事餐饮业，意味着每天都要重复做同样的工作，这也是年轻人离职率较高的原因之一。诚然，这是积攒工作经验的必备阶段，但每天毫无变化的生活给年轻人带来的不安感，我们也是完全可以理解的。

日复一日重复做同样的工作，自己的未来究竟会变成什么样子呢？难道这样毫无变化的生活会一直持续下去吗？大多数年轻人都会陷入这样的疑问中，并对未来感到迷茫

和不安,最终选择离职。而我们不能仅仅用"现在的年轻人不能吃苦"这一说法来搪塞问题,告诉员工重复做单调工作的意义以及对未来的影响,是一个经营者必须尽到的义务。

据我所知,现在的大多数年轻人都是非常认真的。他们会耐心听从教导、认真学习,并积极改进自己的行为。倘若对他们有所保留,不对他们进行应有的指导或者只是给予他们严厉的批评,就会让他们产生不被领导重视的不安全感。如果是因为这种问题导致留不住新人,那就太可惜了。

同时我们要明白,即便是新入职的员工,也是团队的正式成员之一,理当被一视同仁地对待。这样才能让新员工安心工作,维持餐厅的良好工作氛围。

我在美国的餐厅工作时,曾有过一段记忆深刻的经历。刚入职时,我主要负责洗碗,大多数厨师都会把使用过的锅碗直接扔过来,或只是杂乱地堆在一起。这让我感觉自己完全就是个底层人员,并且产生了很多负面情绪。直到有一天,一位厨师一边亲手把锅递过来一边对我说:"谢谢你每天都认真地清洗锅碗，客人们才会对我们这么满意。"那一刻，我深切感受到了被他人肯定的存在感，并且理解了自己的工作对餐厅的意义。这次经历对我来说真是意义非凡。

是否真正给予了员工必要的关怀

那之后，我遇到了我的人生导师马克·托马斯。在他经营的餐厅里工作时，我积累了很多宝贵的经验。让我印象最深刻的是，托马斯先生经常找我聊天，而且每三个月就会问我一次："你的梦想是什么？"对未来有所期许，可以大大促进自我能力的提升，我们总会因为日常工作的繁忙而遗忘了这一点。托马斯先生的问题推动着我努力前进，并且支撑着我一直为餐饮服务业而拼搏。

年轻人最需要的关怀在于被认可，告诉他们坚持拥有梦想的重要性以及工作上的必备技能。在此基础上慢慢放手，委以任务，就能够培养他们的责任感，让他们掌握餐厅经营所必备的能力。

在新人的白纸上涂抹"亮丽色彩"

前文所述的关怀有"在意""关注"之意。当新人感到自己"被关注"时，工作上的不安情绪便会烟消云散。换言之，会让其切身体会到被人认可的安心感。为此，主厨经营者需要创造一个能够让新人快速融入的工作环境，让新人拥有"能够为工作做出贡献"的自信。

这里可以采用分阶段委任工作的策略。其中，分阶段

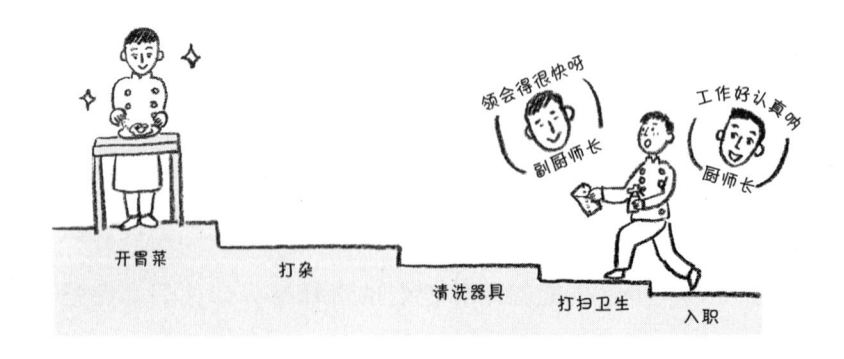

指的是逐渐提高工作的难度。以厨房的工作为例，先让新人负责打扫卫生和清洗器具，过一段时间后，再委以其简单的打杂工作。如果是前台大厅的工作，可以让新人先从不需要与顾客过多交流的清理桌面开始。

重要的是，要让新人产生完成工作的"成就感"。当然，也需要其他职员给予他们鼓励和认可。反之，如果从一开始便委以高难度的工作，任何错误和麻烦都会让新人产生强烈的"挫败感"，阻碍他们进步。

充满责任感的前辈才是最值得学习的目标

只要有一件事能让新人产生"成就感"，就会让他们感受到身为餐厅一员的存在感和责任感。也只有不断地积累这种自信，才能让新人不断进步并长期坚持下去。

此外，包括新人在内，合理的职责分工可以让所有员工都产生强烈的责任感，也有利于营造充满活力的工作氛围，继而不断提升餐厅的经营水平。具体而言，就是详细划分每个人所负责的工作范围和责任。例如，"你负责清洁工作""你负责这个月的盘点和验货工作"等。和给新人分配工作的方法相同,要根据员工的能力和成长情况逐步提高工作难度,让员工带着责任感努力工作。只有这样,才能打造出高水准的餐厅。

同时,这样的做法还能给新人提供前进的目标和奋斗的方向。让新人认识到身边就有值得学习的目标和榜样,也是预防新人辞职的重要方法之一。看着前辈们通过努力完成高难度的工作时,新人们也会萌发"我也要快点进步,早日完成那样高难度的工作"的想法,这便是促进自我启发和努力成长的大好契机。

如果团队中每个人都能充满活力地工作,自然也就会带动新人的工作积极性。新入职的年轻人就像是一张白纸,我们要做的是为他们涂抹上"亮丽的色彩",这也是经营者的重要职责。

每日会议是教育的最好时机

要创造能够留住人才的工作环境,就不能缺少每日的沟通交流。具体来说,就是要贯彻落实每天营业前的早会和营业后的总结会。

大多数餐厅都会因为业务繁忙或工作疲惫而无法按时开展早会和总结会,这不仅不利于餐厅的经营发展,还会阻碍员工之间的信任关系,即便工作中出现问题也不会予以重视。

我认为，进入该行业的年轻人都可以通过努力掌握知识和技能。因此，作为迎接这些年轻人入行的经营者们，当为之创造良好的工作环境，为其提供每日沟通交流的机会。

引领年轻人入行的带头人的意识至关重要。主厨经营者和服务负责人都应当重视对年轻人的培养，在每日的会议中，为其提供至少五分钟的交流时间。

引导我前进的莫尔先生的早会

我在美国攻读酒店和餐饮的经营管理学时，曾于某个暑假在一家名为"普莱西德湖酒店（Placid Bay Hotel）"的知名酒店餐厅研修了一个半月的时间。那是一段至今仍令我难以忘怀的经历。而其中，最让我受益的宝贵经验，便是莫尔先生发起的每日早会。

早会开始后，他先是检查了所有人的仪表仪容和随身携带的物品，并确认了当天的预约情况。在结束了与工作相关的话题后，他又抽出了一点儿时间谈论他在从事服务业时遇到的趣事。那些故事的确非常有趣。

他总能以巧妙的方式讲述趣事。例如，一对夫妇在结婚纪念日光临餐厅时，对他不经意的关照表达了莫大的感谢；一位客人在一边讨论食材一边提出意见后，突然兴致大发，竟然与他一同拜访了食材生产商，等等。

在"普莱西德湖酒店"工作的那段时间，要说我最期待的事情，那就是每日的早会了。莫尔先生的每日发言不仅令我对餐饮行业产生了更加浓厚的兴趣，还让我学会了如何做好服务工作。可以说，他的早会成了我坚持从事餐饮相关工作的源动力。

因此，我建议所有的主厨经营者都可以利用每日会议，与员工谈谈自己对餐饮的看法、选择餐饮业的原因，以及餐饮业的社会意义等。这对年轻人来说是最好的学习机会。

当然，开会时应该让所有员工汇聚一堂，而不是将厨房的工作人员与大厅的工作人员分开。年轻时便能置身于良好的环境中，学习团队协作的重要性，这对年轻人来说无疑是一笔巨大的财富。

借助活动建立信任关系

通过每日的交流活动营造出良好的培训环境后,可以创造让所有员工共度快乐时光的机会,从而进一步提升团队的协作能力。具体来说,可以举办聚餐联欢会、团建旅行、邀请顾客或客户共同参加的活动等。

在日常工作之外举办一些可以让员工们共同参与的活动,有助于增加他们彼此之间的信任感。同时,这也是相

互学习、交流餐厅工作方面经验的绝佳机会。

不要把这些活动的策划当成一种"奖励",可以采取让所有人轮流策划新的活动方案,或者从员工中征集想法和点子等方法,提高员工的参与度和积极性,这是引导活动成功举办的关键所在。

说起来烦琐,其实实施起来并没有那么困难。如今,很多餐厅都会采取让员工轮流策划活动菜单的做法,可以将活动的策划看作是此类做法的延伸和拓展。安排几个人共同思考策划案,然后在大家面前展示,最后由全员一起敲定最终方案。将决定策划案这件事本身也看作一次活动,就会大大增加其趣味性。

为学习制定行动计划表

这就要求主厨经营者必须制定计划表来确定员工学习会的举办时间及方式。

在每天的早会和总结会上,拿出五分钟的时间谈论一些有助于年轻人成长的话题。在每周的第一次周会上,反思上周工作并制定本周目标，讨论工作安排与分配。在每个月的月会上，结合烹饪技术以及每位员工的个人目标等制定每个月餐厅的工作目标，并讨论具体的做法。

在有能力的情况下，应保证每季度举办一次聚餐等能够让全体员工共同参与的活动。如果实在困难，则至少应保证一年举办两次。如果这些活动能够如期举办，那么就可以趁热打铁，扩大活动的规模，组织全员研学旅行。

在确定活动主题时，应注意以"学习与食物有关的相关知识"为选题标准。例如，可以前往当地的市场加深对食材的认识，或者前往酿酒厂学习葡萄酒的知识等。由全员共同分担旅行所需的费用，一起为旅行储蓄，也会提高团队的凝聚力。

最重要的是，这样的活动能加深员工对彼此的了解，建立起相互信赖的关系。这不仅可以提升餐厅的经营水平，对餐厅的从业人员来说也是一次难得的学习机会。

寻找"能够委以重任的领导型人才"

人才培育中最大的课题便是培养"能够委以重任的领导型人才"。有不少主厨经营者想要将自己的理念和价值观贯彻在厨艺和与餐厅经营相关的所有事物中,却忽略了对能够委以重任的领导型人才的培养,最终导致餐厅经营难以为继。

要提高餐厅的魅力,就不能少了能够传承主厨经营者思想的左膀右臂。例如,能够扛起服务重任的人才、能够给厨房员工以正确指示的人才等。有了这些人才后,主厨经营者就有时间基于更宏观的角度来思考餐厅的经营,做出能够提高餐厅水准的正确决策。

与以往相比,越来越多的主厨经营者开始关注人才培养问题。但就我个人的经验来看,大多数情况下都是半途而废,最典型的体现便是"无法公开一切"的态度。这里

的"无法公开一切",指的并非主厨经营者在教授厨艺时有所保留,而是大多数主厨经营者没有认识到"无论好坏,都要将餐厅的实际情况公开化并与员工共享相关信息"的重要性。

能否得到店员的好评和信赖

只有这样,主厨经营者与员工之间才能建立起相互信赖的关系,实现真正意义上的团队合作。当然,也不能不加筛选地将所有的信息都一股脑儿地告诉所有员工,因为信息流通形态的单一化会让员工来不及思考,只能一味地接受信息。

主厨经营者首先应该共享信息的对象，是自己最为信赖的左膀右臂，换言之，就是一线的小领导者们。再由各个小领导向各位员工传达信息。以各个小领导为中心思考有利于餐厅经营的方法，这样的信息传达顺序才是最有利于餐厅发展的。

为此，主厨经营者应尽快从员工中发掘有成为领导者潜力的人才。

在考虑领导候选人时，最重要的标准是看其能否被同事信赖、关注和评价。领导往往是现场交流的核心所在，所以来自周围人的高度评价是必不可少的条件。

对于烹饪或者服务的能力，要更加关注其之后的潜力和进步空间。领导这个位置需要能够以饱满的热情投入工作，不断脚踏实地提高能力的人才。这样的人被选为领导，将会提高整个团队的工作积极性。

找到能够胜任领导者的人才后，主厨经营者可以与其谈论自己的烹饪哲学以及餐厅的运营理念，不断加深候选者们对这些信息的理解，并为他们制定相应的培养计划。

培养人才一定要有"放手的勇气"

这份教育计划的关键在于如何做到"授权委托",也就是把主厨经营者的工作逐步放手交给员工。

"得到其他员工的信赖"这一候选人的条件,其实也可以说是"具备领导餐厅工作的能力"。因此,对候选人的授权委托应当同时考虑到如何进一步提升其领导力。

例如,可以先将早会或者营业结束后的总结会交给这个员工主持,借此机会观察其是否具备领导应有的沟通能力。在厨师这个行业中,也不乏一些只知烹饪,对其他一切事物漠不关心的人。这些人一般都不具备领导能力。

早会或者其他会议是一处可以让所有员工了解餐厅信息,并能就如何改善经营畅所欲言的场所。让员工主持这样的会议,可以锻炼其作为领导者的沟通能力。同时,还可以借此机会团结同事,提升团队凝聚力。

实际上，越是认真的主厨经营者，越不放心把自己的工作委托给其他员工。这里所说的"工作"不只是那些单纯的操作工作，还包括餐厅的整体运营工作。交出管理大权的确需要很大的勇气，但如果不坚定地迈出这一步，就谈不上真正的人才培养。

人才培养中最重要的一点，就是激发其内在潜能。想要实现这一点，主厨经营者就必须拿出敢于将人才放在困难工作中磨砺的勇气。

不要把数据揣在自己怀里，一定要分享

主厨经营者还需要具备的另一项勇气，就是敢于公开餐厅经营的相关数据。经营者应向员工公开包括客流量、

营业额、利润等在内的相关经营数据，并在经营数据不理想时与所有员工共同讨论如何改进。尤其是对领导候选人，更要事无巨细地向他们传达这些信息，让他们能与经营者一起，积极主动地思考改善之道。

如果经营者一味地将这些数据揣在自己怀里，那么餐厅将无法实现透明经营，最后难免变成一本糊涂账。由多人共同掌握数据不仅可以提升数据的准确性，还能从多个方面捕捉数据中隐藏的信息，更有利于找到改进措施。所以，公开数据可以促进餐厅经营水平的提升。

主厨经营者必须和领导候选人共享的内容，还应包括经营者的思考方式。因此，对候选人进行培训的场所不能局限于店内，可以带着他们一起去其他餐厅考察学习，让他们一起出席经营者的交际活动等，这些都是重要的培训内容。

此外，培养领导候选人的阅读习惯也非常重要。尤其是要让他们阅读曾经深刻影响主厨经营者的书籍，这非常有助于促成彼此间共享思考方式。

第五章 | 培育人才是厨师的责任与义务

育人亦是育己

通过培养接班人,能够减轻主厨经营者在体力和精力上的负担,让其将更多的精力投入到对经营拓展的思考中。其中的诸多好处不必赘言,但就是有很多人迟迟无法下定决心培养自己的左膀右臂。

想必是因为经营者们担心:自己培养出来的左膀右臂不仅不会帮到自己,反而会成为自己的竞争对手,甚至还有被对方超越的可能,待对方能力足以抗衡自己的时候,或许就会回头抢夺自己的顾客了。正是出于这种恐惧,很多餐厅才难以培养出合格的接班人。

结果,所有的事情都由主厨经营者一力承担。主厨经营者拥有经营者和主厨的双重身份,自然也少不了作为主厨的骄傲,所以凡事都喜欢自己决定,不愿意接受他人的意见,最终难免变得执拗顽固。或许,这也是主厨经营者的一个特点吧。

育人的同时也能提升自己的品德

然而，这种心态从根本上就是错误的，因为培育人才的同时，主厨经营者的品德也会得到提升。

一如本书开篇所言，今后的时代所需要的餐饮从业者，不仅需要有渊博的知识、良好的教养，还应具有能受到周围人尊敬的高尚品德。只有这样，才能成为被社会认可的专家。

主厨经营者自然必须成为店里最受人尊敬的人。如何做到这一点？答案是要让员工觉得"我能有今天，多亏了他的栽培"。可见，主厨经营者对人才的培养能力，事实上也是其自身品德的反映。

培养这样的人才绝非易事，传授者的热情和耐性自是必不可少。此外，主厨经营者自身的品德无疑也是其中的一个变量。老师是否真心期待自己成长，其实作为学生是可以敏锐地察觉到的。尤其是采用严厉的管教方式时，更要让对方察觉到自己的诚意。毫不夸张地说，培养人才的关键就在于真心期望学生成才，并让学生充分感受到这一点。

如果能培养出志同道合的搭档，就能加强餐厅内部的凝聚力，推动餐厅经营迅速步入正轨。与此同时，主厨经营者也能得到很大的成长。所以，人才培养其实也是主厨经营者的一场自我修炼。

结　语

2020年，新型冠状病毒席卷全球，给各行各业带来了巨大冲击。自日本"外出自肃①"政策实行以来，街道上的人流量大幅度减少，许多餐厅都面临着严峻的经营问题。虽说政府为此进行了积极的财政支援，情况也慢慢有所好转，但现阶段仍旧难以预测未来的走向。

各位厨师，尤其是经营着私人餐厅的各位主厨们，也应该每天都生活在不安之中吧。但是，越是这种时候，越应该保持积极的心态。

我们一定要"下定决心、严阵以待"。一旦经营者表现出不安和犹豫的情绪，那么员工就会更加忐忑不安了。餐厅应该为顾客提供什么样的价值和服务，要如何奉献社会？

---

① 外出自肃：日语，译为"自我控管，非必要不外出"。（译者注）

只有明确这些经营方针，才能让我们继续生存下去。

同时，也要借着这个机会重新审视自己的经营、思考新的经营模式。例如，该如何提高"人"的效率。以往需要5个人完成的工作，是否可以缩减到4个人甚至3个人？提升员工的工作效率除了可以降低固定成本外，还能激发员工的潜能（这也是最重要的目的）。只有这样，才能构建健全的经营体制。

新冠肺炎疫情让我们深刻体会到了资金（包括会计和财务）对餐厅经营的重要性。如果没有充足的资金保障，任何业务都会难以为继。这时候，"信用"就很重要了。包括经营者的品德在内，餐厅的经营信用在很大程度上决定了能否从金融机构获得融资。

重新审视并修正餐厅的经营方式，保证其能够顺利持续运转后，就要开始对运营体制进行"瘦身"，使其更加强健。不仅是餐厅，所有经营活动都该如此。

因为疫情，人们重新意识到"外出用餐"的意义。随着应酬、聚餐次数的减少，外出用餐成了与家人、恋人等"真正重要的人"一起享受生活的选择。顾客也因此重新认

结 语

识到：外出就餐是一件十分快乐的事情。

"雷曼事件"和"3·11"东日本大地震等都曾让众多餐饮店身陷经营困境。能够存活下来的，一定是让顾客愿意带着"真正重要的人"光顾的餐厅。想要获得顾客的青睐，除了要保证菜品的质量外，能否提供细致周到的服务和干净舒适的环境也是重要的评判标准。也就是说，一定要保证餐厅在 QSC 方面的高水准。

想要在后疫情时代占据一席之地，就要让自己的餐厅成为"不可缺少的存在"，用高 QSC 水准留住顾客，为社会发挥重要价值，提升餐厅的经营能力。

我衷心希望肩负时代重任的各位厨师都能成为兼具优秀经营能力、积极为饮食文化奉献力量的行业专家。

最后，谨向自本书于《月刊专业料理》上连载起就一直给予我大力帮助，后又在本书出版之际担任编辑工作的土肥大介先生表示衷心的感谢。

力石宽夫

1943年生于日本神奈川县逗子市。早稻田大学毕业后，赴美国保罗·史密斯大学酒店餐厅管理学院留学。毕业后，在美国马克·托马斯公司进修期间学习了餐厅管理。回日本后，于1972年成立托马斯&力石株式会社，为酒店、餐饮、服务业等领域提供咨询服务。除此之外，其也致力于参与广泛的社会活动，例如：于2010年担任美国烹饪学院（CIA）的日本大使；于2012—2014年担任由日本经济产业省主办的"服务管理企业大赛"评审委员会委员长；于2015—2018年担任日本经济产业省主办的"产学合作服务管理人才培养事业"审查委员长。

关于"服务的细节丛书"介绍：

东方出版社从 2012 年开始关注餐饮、零售、酒店业等服务行业的升级转型，为此从日本陆续引进了一套"服务的细节"丛书，是东方出版社"双百工程"出版战略之一，专门为中国服务业产业升级、转型提供思想武器。

所谓"双百工程"，是指东方出版社计划用 5 年时间，陆续从日本引进并出版在制造行业独领风骚、服务业有口皆碑的系列书籍各 100 种，以服务中国的经济转型升级。我们命名为"精益制造"和"服务的细节"两大系列。

我们的出版愿景："通过东方出版社'双百工程'的陆续出版，哪怕我们学到日本经验的一半，中国产业实力都会大大增强！"

到目前为止"服务的细节"系列已经出版 130 本，涵盖零售业、餐饮业、酒店业、医疗服务业、服装业等。

更多酒店业书籍请扫二维码

了解餐饮业书籍请扫二维码

了解零售业书籍请扫二维码

"服务的细节" 系列

书　名	ISBN	定　价
服务的细节：卖得好的陈列	978-7-5060-4248-2	26 元
服务的细节：为何顾客会在店里生气	978-7-5060-4249-9	26 元
服务的细节：完全餐饮店	978-7-5060-4270-3	32 元
服务的细节：完全商品陈列 115 例	978-7-5060-4302-1	30 元
服务的细节：让顾客爱上店铺 1——东急手创馆	978-7-5060-4408-0	29 元
服务的细节：如何让顾客的不满产生利润	978-7-5060-4620-6	29 元
服务的细节：新川服务圣经	978-7-5060-4613-8	23 元
服务的细节：让顾客爱上店铺 2——三宅一生	978-7-5060-4888-0	28 元
服务的细节 009：摸过顾客的脚，才能卖对鞋	978-7-5060-6494-1	22 元
服务的细节 010：繁荣店的问卷调查术	978-7-5060-6580-1	26 元
服务的细节 011：菜鸟餐饮店 30 天繁荣记	978-7-5060-6593-1	28 元
服务的细节 012：最勾引顾客的招牌	978-7-5060-6592-4	36 元
服务的细节 013：会切西红柿，就能做餐饮	978-7-5060-6812-3	28 元
服务的细节 014：制造型零售业——7-ELEVEn 的服务升级	978-7-5060-6995-3	38 元
服务的细节 015：店铺防盗	978-7-5060-7148-2	28 元
服务的细节 016：中小企业自媒体集客术	978-7-5060-7207-6	36 元
服务的细节 017：敢挑选顾客的店铺才能赚钱	978-7-5060-7213-7	32 元
服务的细节 018：餐饮店投诉应对术	978-7-5060-7530-5	28 元
服务的细节 019：大数据时代的社区小店	978-7-5060-7734-7	28 元
服务的细节 020：线下体验店	978-7-5060-7751-4	32 元
服务的细节 021：医患纠纷解决术	978-7-5060-7757-6	38 元
服务的细节 022：迪士尼店长心法	978-7-5060-7818-4	28 元
服务的细节 023：女装经营圣经	978-7-5060-7996-9	36 元
服务的细节 024：医师接诊艺术	978-7-5060-8156-6	36 元
服务的细节 025：超人气餐饮店促销大全	978-7-5060-8221-1	46.8 元

书　　名	ISBN	定　价
服务的细节026：服务的初心	978-7-5060-8219-8	39.8元
服务的细节027：最强导购成交术	978-7-5060-8220-4	36元
服务的细节028：帝国酒店　恰到好处的服务	978-7-5060-8228-0	33元
服务的细节029：餐饮店长如何带队伍	978-7-5060-8239-6	36元
服务的细节030：漫画餐饮店经营	978-7-5060-8401-7	36元
服务的细节031：店铺服务体验师报告	978-7-5060-8393-5	38元
服务的细节032：餐饮店超低风险运营策略	978-7-5060-8372-0	42元
服务的细节033：零售现场力	978-7-5060-8502-1	38元
服务的细节034：别人家的店为什么卖得好	978-7-5060-8669-1	38元
服务的细节035：顶级销售员做单训练	978-7-5060-8889-3	38元
服务的细节036：店长手绘　POP引流术	978-7-5060-8888-6	39.8元
服务的细节037：不懂大数据，怎么做餐饮？	978-7-5060-9026-1	38元
服务的细节038：零售店长就该这么干	978-7-5060-9049-0	38元
服务的细节039：生鲜超市工作手册蔬果篇	978-7-5060-9050-6	38元
服务的细节040：生鲜超市工作手册肉禽篇	978-7-5060-9051-3	38元
服务的细节041：生鲜超市工作手册水产篇	978-7-5060-9054-4	38元
服务的细节042：生鲜超市工作手册日配篇	978-7-5060-9052-0	38元
服务的细节043：生鲜超市工作手册之副食调料篇	978-7-5060-9056-8	48元
服务的细节044：生鲜超市工作手册之POP篇	978-7-5060-9055-1	38元
服务的细节045：日本新干线7分钟清扫奇迹	978-7-5060-9149-7	39.8元
服务的细节046：像顾客一样思考	978-7-5060-9223-4	38元
服务的细节047：好服务是设计出来的	978-7-5060-9222-7	38元
服务的细节048：让头回客成为回头客	978-7-5060-9221-0	38元
服务的细节049：餐饮连锁这样做	978-7-5060-9224-1	39元
服务的细节050：养老院长的12堂管理辅导课	978-7-5060-9241-8	39.8元
服务的细节051：大数据时代的医疗革命	978-7-5060-9242-5	38元
服务的细节052：如何战胜竞争店	978-7-5060-9243-2	38元
服务的细节053：这样打造一流卖场	978-7-5060-9336-1	38元
服务的细节054：店长促销烦恼急救箱	978-7-5060-9335-4	38元

书 名	ISBN	定 价
服务的细节055：餐饮店爆品打造与集客法则	978-7-5060-9512-9	58元
服务的细节056：赚钱美发店的经营学问	978-7-5060-9506-8	52元
服务的细节057：新零售全渠道战略	978-7-5060-9527-3	48元
服务的细节058：良医有道：成为好医生的100个指路牌	978-7-5060-9565-5	58元
服务的细节059：口腔诊所经营88法则	978-7-5060-9837-3	45元
服务的细节060：来自2万名店长的餐饮投诉应对术	978-7-5060-9455-9	48元
服务的细节061：超市经营数据分析、管理指南	978-7-5060-9990-5	60元
服务的细节062：超市管理者现场工作指南	978-7-5207-0002-3	60元
服务的细节063：超市投诉现场应对指南	978-7-5060-9991-2	60元
服务的细节064：超市现场陈列与展示指南	978-7-5207-0474-8	60元
服务的细节065：向日本超市店长学习合法经营之道	978-7-5207-0596-7	78元
服务的细节066：让食品网店销售额增加10倍的技巧	978-7-5207-0283-6	68元
服务的细节067：让顾客不请自来！卖场打造84法则	978-7-5207-0279-9	68元
服务的细节068：有趣就畅销！商品陈列99法则	978-7-5207-0293-5	68元
服务的细节069：成为区域旺店第一步——竞争店调查	978-7-5207-0278-2	68元
服务的细节070：餐饮店如何打造获利菜单	978-7-5207-0284-3	68元
服务的细节071：日本家具家居零售巨头NITORI的成功五原则	978-7-5207-0294-2	58元
服务的细节072：咖啡店卖的并不是咖啡	978-7-5207-0475-5	68元
服务的细节073：革新餐饮业态：胡椒厨房创始人的突破之道	978-7-5060-8898-5	58元
服务的细节074：餐饮店简单改换门面，就能增加新顾客	978-7-5207-0492-2	68元
服务的细节075：让POP会讲故事，商品就能卖得好	978-7-5060-8980-7	68元

书 名	ISBN	定 价
服务的细节 076：经营自有品牌	978-7-5207-0591-2	78 元
服务的细节 077：卖场数据化经营	978-7-5207-0593-6	58 元
服务的细节 078：超市店长工作术	978-7-5207-0592-9	58 元
服务的细节 079：习惯购买的力量	978-7-5207-0684-1	68 元
服务的细节 080：7-ELEVEn 的订货力	978-7-5207-0683-4	58 元
服务的细节 081：与零售巨头亚马逊共生	978-7-5207-0682-7	58 元
服务的细节 082：下一代零售连锁的 7 个经营思路	978-7-5207-0681-0	68 元
服务的细节 083：唤起感动	978-7-5207-0680-3	58 元
服务的细节 084：7-ELEVEn 物流秘籍	978-7-5207-0894-4	68 元
服务的细节 085：价格坚挺，精品超市的经营秘诀	978-7-5207-0895-1	58 元
服务的细节 086：超市转型：做顾客的饮食生活规划师	978-7-5207-0896-8	68 元
服务的细节 087：连锁店商品开发	978-7-5207-1062-6	68 元
服务的细节 088：顾客爱吃才畅销	978-7-5207-1057-2	58 元
服务的细节 089：便利店差异化经营——罗森	978-7-5207-1163-0	68 元
服务的细节 090：餐饮营销 1：创造回头客的 35 个开关	978-7-5207-1259-0	68 元
服务的细节 091：餐饮营销 2：让顾客口口相传的 35 个开关	978-7-5207-1260-6	68 元
服务的细节 092：餐饮营销 3：让顾客感动的小餐饮店"纪念日营销"	978-7-5207-1261-3	68 元
服务的细节 093：餐饮营销 4：打造顾客支持型餐饮店 7 步骤	978-7-5207-1262-0	68 元
服务的细节 094：餐饮营销 5：让餐饮店坐满女顾客的色彩营销	978-7-5207-1263-7	68 元
服务的细节 095：餐饮创业实战 1：来，开家小小餐饮店	978-7-5207-0127-3	68 元
服务的细节 096：餐饮创业实战 2：小投资、低风险开店开业教科书	978-7-5207-0164-8	88 元

书　　　名	ISBN	定　价
服务的细节 097：餐饮创业实战 3：人气旺店是这样做成的！	978-7-5207-0126-6	68 元
服务的细节 098：餐饮创业实战 4：三个菜品就能打造一家旺店	978-7-5207-0165-5	68 元
服务的细节 099：餐饮创业实战 5：做好"外卖"更赚钱	978-7-5207-0166-2	68 元
服务的细节 100：餐饮创业实战 6：喜气的店客常来，快乐的人福必至	978-7-5207-0167-9	68 元
服务的细节 101：丽思卡尔顿酒店的不传之秘：超越服务的瞬间	978-7-5207-1643-0	58 元
服务的细节 102：丽思卡尔顿酒店的不传之秘：纽带诞生的瞬间	978-7-5207-1545-4	58 元
服务的细节 103：丽思卡尔顿酒店的不传之秘：抓住人心的服务实践手册	978-7-5207-1546-1	58 元
服务的细节 104：廉价王：我的"唐吉诃德"人生	978-7-5207-1704-5	68 元
服务的细节 105：7-ELEVEn 一号店：生意兴隆的秘密	978-7-5207-1705-2	58 元
服务的细节 106：餐饮连锁如何快速扩张	978-7-5207-1870-7	58 元
服务的细节 107：不倒闭的餐饮店	978-7-5207-1868-4	58 元
服务的细节 108：不可战胜的夫妻店	978-7-5207-1869-1	68 元
服务的细节 109：餐饮旺店就是这样"设计"出来的	978-7-5207-2126-4	68 元
服务的细节 110：优秀餐饮店长的 11 堂必修课	978-7-5207-2369-5	58 元
服务的细节 111：超市新常识 1：有效的营销创新	978-7-5207-1841-7	58 元
服务的细节 112：超市的蓝海战略：创造良性赢利模式	978-7-5207-1842-4	58 元
服务的细节 113：超市未来生存之道：为顾客提供新价值	978-7-5207-1843-1	58 元
服务的细节 114：超市新常识 2：激发顾客共鸣	978-7-5207-1844-8	58 元
服务的细节 115：如何规划超市未来	978-7-5207-1840-0	68 元

书　名	ISBN	定　价
服务的细节116：会聊天就是生产力：丽思卡尔顿的"说话课"	978-7-5207-2690-0	58元
服务的细节117：有信赖才有价值：丽思卡尔顿的"信赖课"	978-7-5207-2691-7	58元
服务的细节118：一切只与烤肉有关	978-7-5207-2838-6	48元
服务的细节119：店铺因顾客而存在	978-7-5207-2839-3	58元
服务的细节120：餐饮开店做好4件事就够	978-7-5207-2840-9	58元
服务的细节121：永旺的人事原则	978-7-5207-3013-6	59.80元
服务的细节122：自动创造价值的流程	978-7-5207-3022-8	59.80元
服务的细节123：物流改善推进法	978-7-5207-2805-8	68元
服务的细节124：顾客主义：唐吉诃德的零售设计	978-7-5207-3400-4	59.80元
服务的细节125：零售工程改造老化店铺	978-7-5207-3401-1	59.90元
服务的细节126："笨服务员"解决术1：服务的分寸感	978-7-5207-3559-9	58.00元
服务的细节127："笨服务员"解决术2：培养有"眼力见"的员工	978-7-5207-3560-5	58.00元
服务的细节128："笨服务员"解决术3：服务礼仪，就这样做、这么想	978-7-5207-3561-2	58.00元
服务的细节129："笨服务员"解决术4：治愈顾客情绪	978-7-5207-3562-9	58.00元
服务的细节130："笨服务员"解决术5：捕捉顾客的真实想法	978-7-5207-3563-6	58.00元

图字：01-2023-2122 号

RYORININ NO TAMENO 1PUNKAN MANAGEMENT by Hiroo Chikaraishi
Copyright © 2020 Hiroo Chikaraishi
All rights reserved.
No part of this book may be reproduced in any form without the written permission of the publisher.
Original Japanese edition published by Shibata Publishing Co.,Ltd.
This Simplified Chinese language edition published by arrangement with Shibata Publishing Co., Ltd..
Tokyo in care of Tuttle-Mori Agency, Inc.,
Tokyo through Hanhe International (HK) Co., Ltd.

图书在版编目（CIP）数据

我是厨师，我想开自己的店 /（日）力石宽夫 著；潘郁灵 译. —北京：东方出版社，2023.10
（服务的细节；131）
ISBN 978-7-5207-3569-8

Ⅰ.①我… Ⅱ.①力… ②潘… Ⅲ.①饮食业—经营管理 Ⅳ.①F719.3

中国国家版本馆 CIP 数据核字（2023）第 136108 号

服务的细节 131：我是厨师，我想开自己的店
(FUWU DE XIJIE 131: WOSHI CHUSHI, WOXIANGKAI ZIJI DE DIAN)

作　　者：	［日］力石宽夫
译　　者：	潘郁灵
责任编辑：	吕媛媛
责任审校：	蔡晓颖　曾庆全
出　　版：	东方出版社
发　　行：	人民东方出版传媒有限公司
地　　址：	北京市东城区朝阳门内大街 166 号
邮　　编：	100010
印　　刷：	北京文昌阁彩色印刷有限责任公司
版　　次：	2023 年 10 月第 1 版
印　　次：	2023 年 10 月第 1 次印刷
开　　本：	880 毫米×1230 毫米　1/32
印　　张：	7.25
字　　数：	104 千字
书　　号：	ISBN 978-7-5207-3569-8
定　　价：	59.80 元

发行电话：(010) 85924663　85924644　85924641

版权所有，违者必究
如有印装质量问题，我社负责调换，请拨打电话：(010) 85924602　85924603